OS SISTEMAS DE SAÚDE BRASILEIRO E PORTUGUÊS:
O QUE NOS APROXIMA E NOS DISTANCIA ALÉM DO ATLÂNTICO

RICARDO AUGUSTO DIAS DA SILVA

OS SISTEMAS DE SAÚDE BRASILEIRO E PORTUGUÊS:
O QUE NOS APROXIMA E NOS DISTANCIA ALÉM DO ATLÂNTICO

Belo Horizonte

2021

© 2021 Editora Fórum Ltda.

É proibida a reprodução total ou parcial desta obra, por qualquer meio eletrônico, inclusive por processos xerográficos, sem autorização expressa do Editor.

Conselho Editorial

Adilson Abreu Dallari
Alécia Paolucci Nogueira Bicalho
Alexandre Coutinho Pagliarini
André Ramos Tavares
Carlos Ayres Britto
Carlos Mário da Silva Velloso
Cármen Lúcia Antunes Rocha
Cesar Augusto Guimarães Pereira
Clovis Beznos
Cristiana Fortini
Dinorá Adelaide Musetti Grotti
Diogo de Figueiredo Moreira Neto (*in memoriam*)
Egon Bockmann Moreira
Emerson Gabardo
Fabrício Motta
Fernando Rossi
Flávio Henrique Unes Pereira
Floriano de Azevedo Marques Neto
Gustavo Justino de Oliveira
Inês Virgínia Prado Soares
Jorge Ulisses Jacoby Fernandes
Juarez Freitas
Luciano Ferraz
Lúcio Delfino
Marcia Carla Pereira Ribeiro
Márcio Cammarosano
Marcos Ehrhardt Jr.
Maria Sylvia Zanella Di Pietro
Ney José de Freitas
Oswaldo Othon de Pontes Saraiva Filho
Paulo Modesto
Romeu Felipe Bacellar Filho
Sérgio Guerra
Walber de Moura Agra

Luís Cláudio Rodrigues Ferreira
Presidente e Editor

Coordenação editorial: Leonardo Eustáquio Siqueira Araújo
Aline Sobreira de Oliveira

Av. Afonso Pena, 2770 – 15º andar – Savassi – CEP 30130-012
Belo Horizonte – Minas Gerais – Tel.: (31) 2121.4900 / 2121.4949
www.editoraforum.com.br – editoraforum@editoraforum.com.br

Técnica. Empenho. Zelo. Esses foram alguns dos cuidados aplicados na edição desta obra. No entanto, podem ocorrer erros de impressão, digitação ou mesmo restar alguma dúvida conceitual. Caso se constate algo assim, solicitamos a gentileza de nos comunicar através do *e-mail* editorial@editoraforum.com.br para que possamos esclarecer, no que couber. A sua contribuição é muito importante para mantermos a excelência editorial. A Editora Fórum agradece a sua contribuição.

Dados Internacionais de Catalogação na Publicação (CIP) de acordo com a AACR2

D586s   Dias da Silva,, Ricardo Augusto

       Os sistemas de saúde brasileiro e português: o que nos aproxima e nos distancia além do Atlântico / Ricardo Augusto Dias da Silva.- Belo Horizonte : Fórum, 2021.

       127 p. 14,5x21,5cm
       ISBN: 978-65-5518-013-8

       1. Direito Público. 2. Direito à saúde. 3. Direitos Fundamentais. I. Título.

CDD 341
CDU 342

Elaborado por Daniela Lopes Duarte - CRB-6/3500

Informação bibliográfica deste livro, conforme a NBR 6023:2018 da Associação Brasileira de Normas Técnicas (ABNT):

DIAS DA SILVA,, Ricardo Augusto. *Os sistemas de saúde brasileiro e português*: o que nos aproxima e nos distancia além do Atlântico. Belo Horizonte: Fórum, 2021. ISBN 978-65-5518-013-8.

Este livro é dedicado à memória de Marionita Dias, minha mãe, que deixou seu farol a me guiar, com feixes sempre reluzindo sabedoria, firmeza e sensibilidade, que encharcam minh'alma e dão sentido às minhas realizações.

Sei que estás em festa, pá
Fico contente
E enquanto estou ausente
Guarda um cravo para mim
Eu queria estar na festa, pá
Com a tua gente
E colher pessoalmente
Uma flor do teu jardim
Sei que há léguas a nos separar
Tanto mar, tanto mar
Sei também quanto é preciso, pá
Navegar, navegar
Lá faz primavera, pá
Cá estou doente
Manda urgentemente
Algum cheirinho de alecrim
(*Tanto mar*, composição de Chico Buarque de Holanda, primeira versão, 1975)

SUMÁRIO

BREVES NOTAS INTRODUTÓRIAS 11

1 INTRODUÇÃO 15

2 O DIREITO FUNDAMENTAL À PROTEÇÃO DA SAÚDE NO BRASIL. ASPECTOS CONSTITUCIONAIS E DOUTRINÁRIOS 19

3 A ESTRUTURA DO SISTEMA DE SAÚDE NO BRASIL. HIERARQUIA, COMPETÊNCIAS E PRINCIPIOLOGIA 33

4 O DIREITO FUNDAMENTAL À PROTEÇÃO DA SAÚDE EM PORTUGAL. ASPECTOS CONSTITUCIONAIS E DOUTRINÁRIOS 65

5 A ESTRUTURA DO SISTEMA NACIONAL DE SAÚDE DE PORTUGAL: HIERARQUIA, COMPETÊNCIAS E PRINCIPIOLOGIA 75

6 CONCLUSÕES 113

REFERÊNCIAS 123

BREVES NOTAS INTRODUTÓRIAS

Este livro representa o resultado do meu pós-doutorado, realizado no interregno de junho a dezembro de 2019, na Faculdade de Direito da Universidade Nova de Lisboa, em Campolide. Uma experiência ímpar que, para além da academia, espelhou um intercâmbio cultural no qual me permiti palmilhar nas sendas da vida portuguesa.

Inicialmente, por imperativo, necessário se faz evidenciar a cordial e fraterna acolhida que tive na Faculdade, nomeadamente pelo Professor Jorge Bacelar Gouveia, que acompanhou minha jornada investigativa, contribuindo para conferir cientificidade à pesquisa empreendida sobre os sistemas de saúde, brasileiro e português, sugerindo abalizada doutrina e, fundamentalmente, conduzindo com zelo e competência a supervisão das narrativas por mim apresentadas na forma de artigos.

O privilégio acadêmico que tive continuou e me fez chegar até ao Professor Lúcio Tomé Feteira, que, em franca atitude fraternal, permitiu que eu ministrasse aula na disciplina de mestrado de sua responsabilidade, fazendo-me, momentânea e literalmente, preencher o vazio das salas de aula, a saudade que levei comigo do Brasil em meus escaninhos do magistério.

Estar por inúmeras vezes em Campolide, vivenciar os ares pulsantes da Faculdade, da calmaria no recesso à retomada das aulas com o burburinho da graduação nos corredores, enfronhar-me na biblioteca e na sala dos professores visitantes para escrever este livro, por muitas maneiras, não apenas dourou um pouco mais os meus cabelos, mas também com vigor me fez exercer a cidadania universal, a olhar pretensamente o velho mundo com os olhos de um coração transnacional.

Isso me convenceu ainda mais de que a Universidade realmente deriva da etimologia do Universo onde se encontra inserida a sociedade, e desta não pode jamais se afastar, posto que nenhum conhecimento é produzido para si mesmo, nem construído para ser relegado à escuridão.

Que sorte eu tive ao obter o atestado de morada da Junta de São Vicente e residir na Graça próximo ao miradouro da Senhora do Monte, de percorrer a história de Lisboa pelas ruas e calçadas da Alfama, do Rossio, do Chiado, do Cais Sodré e de tantas ladeiras e becos, a pé, de autocarro, de elétrico e, em algumas oportunidades, nos finais de semana, aventurando-me de comboio até Cascais e Setúbal, ou ainda pelas autoestradas até o Douro e Porto, bem como pelo Alentejo e Algarve, com a retina capturando impressões de um colonizado tardio em Portugal!

Se já nutria um imenso sentimento de apreço por Portugal e por seu povo, a permanência por um período em que não me encontrava em férias, nem a passeio, a oportunidade de conhecer o cotidiano dos lisboetas incidente sobre o objeto da pesquisa fez-me respeitar as escolhas e os avanços na área da saúde pública de Portugal, mergulhando nos meandros do Serviço Nacional de Saúde português.

Retornar à Lisboa para apresentar o resultado da minha investigação em forma de livro representa não apenas a satisfação do dever acadêmico, mas, sobretudo, expressa a gratidão que deixo de maneira indelével registrada nessas breves notas por tudo que recebi dos portugueses, o respeito, a cordialidade, as amizades reconhecidas, impregnadas pela cumplicidade da emoção que doravante sempre me acompanhará quando meu pensamento atravessar o Atlântico.

Se calhar, e a história tramar, enquanto brasileiro e o que denominei de colonizado tardio, ficarei a esperar da inteligência portuguesa o envio de cravos, aqueles de abril, e um cheiro de alecrim, que venham a entorpecer o meu sempre amado Brasil, para que o ajude a se livrar das peias que travam o seu desenvolvimento, sobretudo o humano, que tanto merecemos e que conta com uma imensa torcida dos portugueses.

Com o furioso advento da pandemia, o lançamento deste livro, previsto para junho de 2020, foi adiado *sine die*. Permita Deus e a ciência que ocorra, em 2021, momento que seja da apropriação democrática de uma ou mais vacinas pela população mundial a nos proteger dessa praga da COVID-19, e que me reencontre com um Portugal cada vez mais punjante, simples e acolhedor.

Dezembro de 2020.
Ricardo Augusto Dias da Silva

INTRODUÇÃO

O presente estudo aborda o direito fundamental à proteção da saúde[1] no Brasil e em Portugal, a partir da perspectiva de seus sistemas, de suas Constituições e da legislação específica pertinente, sem a pretensão de estabelecer um estudo comparado sobre os sistemas de saúde existentes em cada país.

Nesse sentido, para contextualizar de maneira histórica e contemporânea a temática proposta, a abordagem é feita a partir do processo de evolução dos sistemas de saúde específicos, destacando-se os principais marcos normativos e regulatórios.

No percurso da investigação, foram detalhados, em relação ao direito à proteção da saúde, sua constitucionalidade, a estrutura dos sistemas no Brasil e em Portugal destinados à saúde, bem como aspectos doutrinários e jurisprudenciais relacionados ao tema.

Em sequência, abordam-se as competências específicas dos órgãos e entidades que integram cada um dos sistemas, as normas regentes e regulatórias, de maneira a apresentar as estruturas de que são dotados os sistemas de saúde de que trata a presente obra, com espeque, fundamentalmente, no desiderato constitucional protetivo do direito à saúde.

---

[1] Em Portugal, é utilizada a terminologia "direito à proteção da saúde", plasmada no artigo 64º, da Constituição da República portuguesa. No Brasil, utiliza-se a expressão "direito à saúde", conforme estabelece o artigo 196 da Constituição da República Federativa do Brasil.

Sobre os sistemas de saúde, o estudo apresenta o controle exercido pelos Poderes Executivo, Legislativo e Judiciário, sendo apresentada análise crítica da atuação dos Poderes e dos órgãos integrantes dos sistemas, encerrando o ciclo pesquisado com algumas proposições para o aperfeiçoamento da efetiva garantia do direito à saúde no Brasil e em Portugal. Notadamente, aponta-se a necessidade de se imprimir maior participação social nesse processo, que venha a conferir legitimidade às políticas públicas da área.

Conforme mencionado anteriormente, o mérito da pesquisa empreendida não possui as características essenciais do direito comparado, estando vinculada apenas a uma das dimensões propostas por Marc Ancel, quando sustenta que a comparação, até mesmo por definição, não consiste em isolar, mas, ao contrário, em aproximar ou em confrontar os dois termos que constituem o seu objeto.[2]

O enfoque proposto, na própria denominação desta obra, representa uma imersão no direito fundamental à proteção da saúde no direito brasileiro e português, com as balizas estabelecidas de maneira bem definida em seu objeto. Logo, o olhar empreendido não é comparativo em plenitude, sendo em alguma medida reflexivo e, necessariamente, analítico, a partir de suas próprias características, cada qual com suas virtudes e defeitos, colhidos a partir dos resultados.

Descreve-se o objeto da forma mais abrangente possível para, em seguida, analisá-lo, com a preocupação latente de que a descrição seja precisa, ensejando o fornecimento de informações amplas e minudentes, sem as quais o senso analítico não se desenvolve de maneira fiel ao que foi proposto abordar.

É na trilha dessa fundamentação que o estudo estrutura a panóplia dos sistemas de saúde, brasileiro e português,

---

[2] ANCEL, Marc. *Utilidade e métodos do direito comparado*: elementos de introdução geral ao estudo comparado dos direitos. Tradução de Sérgio José Porto. Porto Alegre: Fabris, 1980. p. 73.

inseridos no arcabouço jurídico próprio, mas, sobretudo, no contexto histórico e de apropriação social desse direito fundamental que representa a saúde.

Com efeito, as políticas públicas eleitas a partir das escolhas que devem espelhar as mais prementes necessidades da população impõem ao Estado Constitucional o desempenho de seu principal papel, estabelecendo, assim, a partir da interpretação sistemática das Constituições do Brasil e de Portugal, a fundamentalidade intrínseca ao direito à proteção da saúde, atendendo aos princípios estruturantes estabelecidos, seja no corpo constitucional, seja nas normas infraconstitucionais, que, ao cabo, destinam-se a seguir o norte político estabelecido pelo Poder Constituinte.

O DIREITO FUNDAMENTAL À PROTEÇÃO DA SAÚDE NO BRASIL. ASPECTOS CONSTITUCIONAIS E DOUTRINÁRIOS

A Constituição Federal do Brasil, promulgada em 05 de outubro de 1988, estabeleceu o direito à saúde no rol dos direitos sociais, de que trata o artigo 6º – inserido no Capítulo II dos Direitos Sociais, do Título II, dos Direitos e Garantias Fundamentais –, com o seguinte teor: "São direitos sociais a educação, a saúde, a alimentação, o trabalho, a moradia, o transporte, o lazer, a segurança, a previdência social, a proteção à maternidade e à infância, a assistência aos desamparados, na forma desta Constituição".[3]

Mas é o próprio texto constitucional brasileiro que, no Título VIII (Da Ordem Social), dentro do Capítulo II (Da Seguridade Social), destina uma seção específica para a saúde, que compreende o interregno do artigo 196 ao artigo 200.

Para os propósitos aqui estabelecidos, de forma a introduzir o contexto brasileiro, a abordagem inicia pela conceituação do direito à proteção da saúde, na perspectiva de apresentar-se o pensamento significativo da doutrina nacional com lastro interpretativo constitucional.

---

[3] BRASIL. *Constituição da República Federativa do Brasil*. Brasília, DF: Senado Federal. De se destacar que a Emenda Constitucional nº 90, de 15 de setembro de 2015, introduziu o "transporte" como direito social.

Com efeito, é cediço o entendimento doutrinário brasileiro de que a conceituação da saúde deve ser compreendida como algo presente, e sua eficácia perpassa pela afirmação da cidadania plena, bem como pela aplicabilidade dos ditames estabelecidos na Constituição Federal, devidamente positivados e, portanto, garantidores do direito à proteção da saúde enquanto integrante do rol dos direitos sociais.[4]

Percebe-se, sob essa perspectiva, que o disciplinamento jurídico estampado na Lei Fundamental brasileira garante o direito à proteção da saúde como sendo um direito público subjetivo, exigível, portanto, contra o Estado. Isso evidencia de forma cristalina a existência de um direito individual à saúde, compreendido sob diferentes ópticas, aferida sua titularidade, bem como as hipóteses de divisibilidade do bem tutelado.

Não é despiciendo destacar que a saúde possui diversos fatores determinantes e condicionantes, como bem expressa o artigo 3º, da Lei nº 8.080, de 19 de setembro de 1990, que assim dispõe: "Os níveis de saúde expressam a organização social e econômica do país, tendo a saúde como determinantes e condicionantes, entre outros, a alimentação, a moradia, o saneamento básico, o meio ambiente, o trabalho, a renda, a educação, a atividade física, o transporte, o lazer e o acesso aos bens e serviços essenciais",[5] que a ausência de saneamento básico, o lixo urbano, a poluição sonora e atmosférica, as doenças ocupacionais nos ambientes de trabalho e outros tantos assuntos correlatos propõem uma reflexão sobre a saúde.

Sérvulo Correia sustenta que o direito à saúde é um sistema de normas jurídicas que disciplinam as situações que têm a saúde por objeto imediato ou mediato, e que regulam

---

[4] ROCHA, Julio César de Sá da. *Direito da saúde, direito sanitário na perspectiva dos interesses difusos e coletivos*. São Paulo: LTr, 1999. p. 39-42.
[5] BRASIL. Lei nº 8.080, de 19 de setembro de 1990. Dispõe sobre as condições para a promoção, proteção e recuperação da saúde, a organização e o funcionamento dos serviços correspondentes.

a organização e o funcionamento das instituições destinadas à promoção e defesa da saúde.[6]

Nesse mesmo norte, Patrícia Werner defende que o direito social à saúde impõe ao intérprete o dever de aprofundar seus estudos na área de interpretação do direito constitucional, considerando-o em sua multidisciplinariedade, com dados mais profundos no âmbito do direito sanitário.[7]

Logo, sob esse viés, é possível inferir-se, em relação ao direito à proteção da saúde, características individuais e coletivas ínsitas ao indivíduo, considerado nessas duas dimensões, portanto, de índole e extração constitucional.

O direito fundamental à saúde, na perspectiva de direito individual, encontra-se vinculado à liberdade em seu significado mais amplo, na acepção de natureza formal e material. Por outras palavras, todos devem ter liberdade para eleger como irão interagir com o meio ambiente, qual o tipo de cidade, território, clima e modo de vida serão escolhidos para viver, que trabalho irão desempenhar, quais as opções alimentares e, quando enfermos, qual o recurso médico-sanitário que procurarão, o tipo de tratamento a que se submeterão, entre outros.

De certo que essas escolhas têm um grau de satisfação e eficácia ao se exercer a liberdade relativa ao direito à saúde enquanto direito subjetivo tanto maior quanto for o grau de desenvolvimento econômico e social do Estado. Essa percepção, no caso brasileiro, obtém-se ao se analisar os sistemas de saúde, momento em que é possível aferir-se a cobertura do sistema público e do suplementar, da iniciativa privada.

---

[6] CORREIA, Sérvulo. Introdução ao direito à saúde. In: *Direito da saúde e bioética.* Lisboa: LEX, 1991. p. 41.

[7] WERNER, Patrícia Ulson Pizarro. O direito social e o direito público subjetivo à saúde: o desafio de compreender um direito com duas faces. *Revista de Direito Sanitário*, v. 9, n. 2, p. 102, jul./out. 2008.

Pertinente aos aspectos sociais, depreende-se que o direito à saúde privilegia a igualdade, a universalidade e a integralidade, princípios consagrados pelo ordenamento jurídico brasileiro, na Constituição Federal, bem como na legislação específica, notadamente na Lei nº 8.080/90, norma instituidora do Sistema Único de Saúde, para que todos possam usufruir igualmente desse direito.

Conforme sustentado anteriormente, para garantirem-se os bens e serviços relativos à saúde, com níveis de razoabilidade a todos que deles necessitem, de acordo com os princípios da igualdade e universalidade, a saúde depende também da configuração econômica e social do Estado com capacidade para implementar medidas de promoção, proteção e recuperação da saúde da população.

Nesse passo, deve-se considerar a opção política do Estado em relação às políticas públicas de garantia ao direito fundamental à saúde, haja vista que países economicamente menos desenvolvidos que o Brasil têm um grau de atendimento ao direito à saúde mais avançado do que o brasileiro.[8]

---

[8] Nesse sentido, defende Andreas Joachim Krell: "Todavia, em relação aos direitos à saúde e à educação, a situação fática se apresenta de maneira diferente. Há vários países – até na América Latina – que conseguiram estabelecer serviços de saúde preventiva e curativa e sistemas escolares que atendem às necessidades básicas da população. [...]. O Brasil revela, em sua política econômica governamental, uma manifesta contradição com os princípios constitucionais fundamentais, não como omissão a um dever genérico de agir, mas como concreta ação em sentido contrário, na medida em que os gastos de investimentos internos, para superar as dificuldades e promover o desenvolvimento, são aquém da metade do que é entregue aos cofres estrangeiros a título de pagamento de juros da dívida" (KRELL, Andreas Joachim. *Direitos sociais e controle judicial no Brasil e na Alemanha*: os (des)caminhos de um direito constitucional comparado. Porto Alegre: Sergio Antonio Fabris, 2002. p. 53-56). Argumente-se ainda, nessa direção, que o nível de renda no Brasil não deve servir de justificativa para a não implementação de políticas públicas eficazes para garantir o direito à saúde, conforme nos ensina os estudos de Amartya Sen, que assim afirma: "A expansão dos serviços de saúde, educação, seguridade social, entre outros, contribui diretamente para a qualidade da vida e seu florescimento. Há evidências até de que, mesmo com renda relativamente baixa, um país que garante serviços de saúde e educação a todos pode efetivamente obter resultados notáveis de duração e qualidade de vida de toda a população" (SEN, Amartya Kumar. *Desenvolvimento como liberdade*. 3. reimp. São Paulo: Companhia das Letras, 2000. p. 170-1).

É de se concluir, portanto, que, na Constituição Federal brasileira de 1988, o direito à saúde foi elevado ao patamar de direito fundamental, direito subjetivo público, ao proceder-se interpretação sistemática do disposto nos artigos 5º e 196, reconhecendo-se, dessa forma, que o indivíduo é detentor do direito e o Estado o seu garantidor.

Demorou muito tempo até que o direito à saúde fosse reconhecido como um direito público subjetivo, dotado de plena exigibilidade, ou seja, que pudesse ser até mesmo pugnado judicialmente, quando violado. O que explica essa demora é o caráter programático dos artigos 6º e 196 da Constituição Federal, que permitem a abertura e permanente atualização de conteúdo e objeto do dever de prestação. Prevaleceu, até quase uma década após a promulgação da Constituição de 1988, uma interpretação restritiva quanto à aplicação imediata desses direitos, questionando-se sua fundamentalidade.[9]

Percebe-se, nesse passo, com o conceito estabelecido pela Constituição Federal em seu artigo 196, de que "saúde é direito de todos e dever do Estado, garantido mediante políticas sociais e econômicas que visem à redução do risco de doença e de outros agravos e ao acesso universal e igualitário às ações e serviços para sua promoção, proteção e recuperação",[10] o estabelecimento e exigência do Estado em garantir o direito à saúde por meio da formulação e execução de políticas públicas, além da prestação de serviços públicos e fornecimento de bens para promover, prevenir e recuperar a saúde.

No Brasil, o atual estágio em que se encontra a saúde é o espelho das desigualdades sociais, da pobreza, do nível

---

[9] SARLET, Ingo Wolfgang; FIGUEIREDO, Mariana Filchtiner. Algumas considerações em torno do conteúdo, eficácia e efetividade do direito à saúde na Constituição de 1988. *Revista Interesse Público*, Belo Horizonte, ano 3, n. 12, out. 2001. Disponível em: www.editoraforum.com.br. Acesso em: 20 set. 2019.
[10] BRASIL. Constituição Federal, art. 196.

de vida da maioria da população, da ausência de políticas públicas eficazes para o setor. E sem a perspectiva de alteração desse quadro socioeconômico, a garantia ao direito à saúde fica comprometida de efetivação na amplitude preconizada na Constituição Federal.[11]

Com efeito, o Constituinte originário, em relação ao direito à saúde, procurou estabelecer os pressupostos da ação estatal, cujas políticas sociais e econômicas, necessariamente, devem ter por objetivo a redução do risco de doenças e outros agravos, o acesso universal e igualitário às ações e serviços de saúde,[12] para a sua promoção, proteção e recuperação, estabelecendo desde logo, portanto, os princípios regentes do Sistema Único de Saúde, definido constitucionalmente como sendo o "conjunto de ações e serviços públicos, organizados em rede regionalizada e hierarquizada",[13] de execução das três esferas do governo (federal, estadual e municipal), regulamentado, em seguida, com a edição da Lei nº 8.080/90, que instituiu o Sistema Único de Saúde.

Ainda em sede doutrinária, mister se faz destacar que se procedeu ao estabelecimento quanto à dimensão do direito fundamental à saúde, no sentido de demonstrar a existência

---

[11] O Brasil tinha, em 2017, 54,8 milhões de pessoas que viviam com menos de R$406 por mês, dois milhões a mais que em 2016. Isso significa que a proporção da população em situação de pobreza subiu de 25,7% para 26,5%, de acordo com a Síntese de Indicadores Sociais, divulgada pelo IBGE. O estudo utilizou critérios do Banco Mundial, que considera pobres aqueles com rendimentos diários abaixo de US$5,5 ou R$406 mensais pela paridade de poder de compra. Disponível em: www.ibge.gov.br. Acesso em: 22 ago. 2019.

[12] Andreas Krell sustenta nesse particular que: "O direito à saúde, por sua vez, sofreu uma regulamentação igualmente forte, dispondo o texto constitucional (art. 196) que ela 'é um direito de todos e dever do Estado' [...] e que esse direito inclui acesso igualitário e universal aos serviços de saúde. Ao regulamentar este dispositivo, o legislador estabeleceu que a universalidade de acesso aos serviços de saúde em todos os níveis de assistência alcança todas as ações e serviços públicos de saúde e serviços privados contratados ou conveniados que integram o Sistema Único de Saúde (SUS)" (KRELL, *op. cit.*, p. 33).

[13] BRASIL. Constituição Federal, art. 198, *caput*.

de um núcleo integrante da dignidade humana, de onde se extrai o *mínimo existencial*, que, segundo Ricardo Lobo Torres, representa o conjunto de condições iniciais para o exercício da liberdade.[14]

A doutrina nacional que sustenta essa corrente de pensamento, a partir de um exame sistemático da Constituição de 1988, ao debruçar-se sobre a estrutura do *mínimo existencial*, estabelece a sua conformação composta por elementos materiais e instrumentais.[15]

Com efeito, importa destacar, em relação às dimensões do direito à saúde, partindo-se de sua contextualização histórica, que, num primeiro momento, a partir do paradigma estabelecido pelo Estado liberal, o direito à saúde apresenta características predominantemente individuais, cumprindo a atuação Estatal a finalidade de proteção da vida do cidadão,

---

[14] Sobre o mínimo existencial, Ricardo Lobo Torres o especifica como sendo: "Os direitos à alimentação, saúde e educação, embora não sejam originariamente fundamentais, adquirem o *status* daqueles no que concerne à parcela mínima sem a qual o homem não sobrevive" (TORRES, Ricardo Lobo. *Os direitos humanos e a tributação*: imunidades e isonomia. Rio de Janeiro: Renovar, 1995. p. 133).
Ainda sobre esse particular, importante contribuição traz Andreas Krell ao afirmar que: "A teoria do 'mínimo existencial', que tem por função atribuir ao indivíduo um direito subjetivo contra o Poder Público em casos de diminuição da prestação de serviços sociais básicos que garantem a sua existência digna, até hoje foi pouco discutida na doutrina constitucional brasileira e ainda não foi adotada com as suas consequências na jurisprudência do país. Numa das poucas obras sobre o tema, Sarlet mostra que o princípio da dignidade da pessoa humana da Carta brasileira deve ser utilizado para garantir as condições existenciais mínimas da população para uma vida saudável, sugerindo como diretriz mínima os parâmetros estabelecidos pela Organização Mundial de Saúde. [...] De qualquer modo, o referido 'padrão mínimo social' para sobrevivência incluirá sempre um atendimento básico e eficiente de saúde, o acesso a uma alimentação básica e vestimentas, à educação de primeiro grau e a garantia de moradia; o conteúdo concreto desse mínimo, no entanto, variará de país para país" (KRELL, *op. cit.*, p. 62-63).
[15] Nessa direção Ana Paula de Barcellos estabelece a composição do mínimo existencial da seguinte maneira: "[...] o mínimo existencial que ora se concebe é composto de quatro elementos, três materiais e um instrumental, a saber: a educação fundamental, a saúde básica, a assistência aos desamparados e o acesso à Justiça". *In*: BARCELLOS, Ana Paula de. *A eficácia jurídica dos princípios constitucionais*: o princípio da dignidade da pessoa humana. Rio de Janeiro: Renovar, 2002. p. 258.

por ação ou omissão, respondendo civilmente pela violação desse direito, em decisões que no Judiciário e na doutrina brasileira tem gerado grande polêmica no que se convencionou denominar de judicialização do direito à saúde, conforme se versará adiante.

No que concerne à segunda dimensão, percebe-se que a saúde com a inauguração do Estado Social adquire também uma roupagem social, vislumbrando-se o agir estatal na direção da igualdade na prestação de serviços de saúde pública, seja na construção de hospitais, fornecimento de medicamentos e, com mais contemporaneidade, na implementação do Sistema Único de Saúde, que atende aos mais necessitados, predominantemente.

Nessa dimensão, principalmente com a introdução no ordenamento jurídico brasileiro de um Sistema Único, depreende-se a fundamental importância dos princípios regentes do direito à saúde nesse sistema, quais sejam, a igualdade, a universalidade, a autonomia e integralidade, expressão do regime democrático e garantia dos direitos fundamentais, a ser implementada pelo Estado.

É o que preconiza, inicialmente, o disposto na lei de implantação do Sistema Único de Saúde no Brasil, Lei nº 8.080/90, ao estabelecer o dever do Estado de garantir a saúde e os princípios basilares do Sistema.[16]

Nesse mesmo diploma legal, depreende-se de maneira detalhada os princípios e diretrizes integrantes do Sistema Único de Saúde, dispondo o art. 7º, da Lei nº 8.080/90.[17]

---

[16] BRASIL. Lei nº 8.080/90, art. 2º, §1º. O dever do Estado de garantir a saúde consiste na reformulação e execução de políticas econômicas e sociais que visem à redução de riscos de doenças e de outros agravos no estabelecimento de condições que assegurem acesso universal e igualitário às ações e aos serviços para a sua promoção, proteção e recuperação.

[17] BRASIL. Lei nº 8.080/90, art. 7º. As ações e serviços públicos de saúde e os serviços privados contratados ou conveniados que integram o Sistema Único de Saúde

Ainda que não haja predominância entre si, os princípios da universalidade e igualdade apresentam-se como os mais representativos. No caso do Sistema Único de Saúde, em relação à igualdade, a doutrina entende não haver uma única teoria da qual se possam estabelecer os critérios de funcionalidade do sistema.[18]

(SUS) são desenvolvidos de acordo com as diretrizes previstas no artigo 198 da Constituição Federal, obedecendo ainda aos seguintes princípios: I - *universalidade* de acesso aos serviços de saúde em todos os níveis de assistência; II - integralidade de assistência, entendida como um conjunto articulado e contínuo das ações e serviços preventivos e curativos, individuais e coletivos, exigidos para cada caso em todos os níveis de complexidade do sistema; III - preservação da autonomia das pessoas na defesa de sua integridade física e moral; IV - igualdade da assistência à saúde, sem preconceitos ou privilégios de qualquer espécie; V - direito à informação, às pessoas assistidas, sobre sua saúde; VI - divulgação de informações quanto ao potencial dos serviços de saúde e sua utilização pelo usuário; VII - utilização da epidemiologia para o estabelecimento de prioridades, a alocação de recursos e a orientação programática; VIII - *participação* da comunidade; IX - descentralização político-administrativa, com direção única em cada esfera de governo: a) ênfase na descentralização dos serviços para os municípios; b) regionalização e hierarquização da rede de serviços de saúde; X - integração, em nível executivo, das ações de saúde, meio ambiente e saneamento básico; XI - conjugação dos recursos financeiros, tecnológicos, materiais e humanos da União, dos Estados, do Distrito Federal e dos Municípios, na prestação de serviços de assistência à saúde da população; XII - capacidade de resolução dos serviços em todos os níveis de assistência; e XIII - organização dos serviços públicos de modo a evitar duplicidade de meios para fins idênticos.

[18] Nesse sentido, Cláudia Travassos considera que: "Não existe uma teoria de equidade consensualmente aceita da qual se possam retirar critérios operacionais. Estes serão sempre reflexo dos valores predominantes em cada sociedade e em cada momento histórico. Diferentes teorias normativas sobre equidade apontam para diferentes formas de organização dos sistemas de saúde. Assim, a formulação de políticas de saúde voltadas para equidade exige a definição desse princípio. Em geral, o princípio de igualdade de acesso tem sido operacionalmente tratado, pela maioria dos países, como igualdade de oportunidade na utilização de serviços de saúde para necessidades iguais, ou como igualdade de tratamento para necessidades iguais (Van Doorslaer *et al.*, 1993). Isto é, indivíduos portadores de um mesmo problema de saúde, independentemente de sua condição social e econômica, devem ter a mesma oportunidade de utilizar serviços de saúde e receber cuidados médicos adequados. Essa abordagem refere-se ao que se convencionou denominar equidade horizontal, entendida aqui como equidade intranecessidades (Jardanovisk & Guimarães, 1993)" (TRAVASSOS, Cláudia. Equidade e o Sistema Único de Saúde: uma contribuição para o debate. *Cadernos de Saúde Pública*, Rio de Janeiro, v. 13, n. 2, p. 5-26, abr./jun. 1997).

Com relação ao sistema constitucional brasileiro, depreende-se que na Constituição de 1988 a equidade foi tomada como igualdade no acesso aos serviços de saúde, conforme se asseverou anteriormente, fazendo-se alusão ao disposto no art. 196, da Carta Política de 1988.

Importa, no que se refere à igualdade, aduzir sobre os aspectos sociais que a caracterizam. No caso brasileiro, percebe-se uma flagrante desigualdade entre os grupos sociais formadores da sociedade brasileira. Logo, a igualdade na forma estabelecida no texto constitucional deveria ter garantida sua eficácia na oferta pelo Estado de serviços e bens na área da saúde nos milhares de Municípios que integram a Federação, o que ainda está muito longe de acontecer.

Sobre a universalidade no acesso aos serviços de saúde, mister se faz destacar sua importância para a garantia da igualdade. No caso do Sistema Único de Saúde, a universalidade representa a garantia da gratuidade no uso de serviços, possibilitando o acesso ao Sistema sem qualquer restrição da população, devendo ser considerado fatores como o transporte, a necessidade de aquisição de medicamentos que não são fornecidos, exames de alta complexidade, dentre outros, que dificultam a fruição integral dos serviços prestados através do Sistema pelos usuários de menor poder aquisitivo, justamente os que mais necessitam.

Aqui, nesse particular, verifica-se a realidade social brasileira, da qual se depreende que os mais pobres enfrentam inúmeras dificuldades de acesso ao sistema e esses mesmos indivíduos não terão facilidade de acesso ao Judiciário, enquanto os mais abastados utilizam os serviços de saúde pela rede privada e acessam o Poder Judiciário sem maiores dificuldades, com grandes chances de decisões favoráveis, que, em diversas oportunidades, determinam ao Estado a prestação de serviços ou aquisição de medicamentos, custeadas com dinheiro do Sistema Único de Saúde.

Com efeito, no caso específico do direito brasileiro, constata-se que o direito à saúde teve seu reconhecimento enquanto direito fundamental no sistema constitucional, a partir da inferência do disposto nos artigos 6º e 196 *et seq.*, respectivamente, da Constituição Federal.

É de se destacar também que o direito à saúde possui características protetivas relacionadas ao direito de defesa, a denominada dimensão negativa, no sentido de proteger o titular do direito contra possíveis violações estatais ou privadas.

Quanto a sua característica de direito social prestacional, a dimensão positiva, percebe-se que o direito à saúde reclama a ação positiva do Estado e da iniciativa privada, por meio de políticas públicas e ações afirmativas, respectivamente, para o seu exercício.

No plano material, esse viés prestacional relaciona-se à logística que deve ser disponibilizada a todos os titulares do direito à saúde, no caso do Estado Constitucional brasileiro, a ser provida pelo Estado através de políticas públicas concretizadas por meio da prestação de serviços e fornecimento de bens aos que necessitarem, de acordo com os princípios regentes do sistema.

Sobre as características do direito à saúde, Ingo Wolfgang Sarlet afirma ser "possível extrair da Constituição que necessariamente o direito à proteção e promoção da saúde abrange tanto a dimensão preventiva, quanto promocional e curativa da saúde".[19] O disposto no *caput* do art. 196 da Constituição Federal do Brasil consigna as expressões "promoção", "proteção" e "recuperação" como atuação do Estado na garantia do direito à saúde.

---

[19] SARLET, Ingo Wolfgang; FIGUEIREDO, Mariana Filchtiner. Reserva do possível, mínimo existencial e direito à saúde: algumas aproximações. *Revista de Doutrina da 4ª Região*, Porto Alegre, n. 24, p. 41, jul. 2008.

A partir da sustentada fundamentalidade inerente ao direito à saúde, quer-se destacar, por oportuno, na perspectiva do *mínimo existencial*, que o direito à proteção da saúde reporta-se ao aspecto da saúde básica, conforme articulado por Ana Paula de Barcellos, como sendo as prestações de saúde disponíveis, que podem ser juridicamente exigíveis do Poder Público.[20]

Nesse passo, como parâmetro utilizado para a identificação de quais prestações comporiam o *mínimo existencial* na esfera do direito à proteção da saúde, Ana Paula de Barcelos[21] exemplifica o atendimento no parto, saneamento básico e o acompanhamento da criança no pós-natal, atendimento preventivo em clínicas gerais e especializadas e acompanhamento de controle de doenças típicas da terceira idade, que estão em harmonia com as prioridades estabelecidas na Constituição Federal de 1988.

No âmbito da iniciativa privada, esse alcance do direito à saúde no Brasil reporta-se ao disposto no art. 12, da Lei nº 9.656/98,[22] que estabelece a obrigatoriedade do oferecimento aos usuários de atendimento ambulatorial, consultas médicas, internação hospitalar, serviço de apoio diagnóstico e tratamento e demais procedimentos ambulatoriais.[23]

---

[20] Ingo Wolfgang Sarlet, magistrado do Rio Grande do Sul, é adepto da judicialização do direito à saúde. Para ele, os juízes devem decidir casos concretos relacionados ao tema. Mas sustenta que é essencial controlar o famoso "pediu-levou" e se ater às consequências da decisão judicial. Para Sarlet, o que preocupa é a dupla exclusão, referindo-se àqueles que não recebem tratamento do Estado e ficariam impedidos de encontrar a solução por via judicial. Disponível em: www.stf.jus.br/portal. Acesso em: 22 ago. 2019.

[21] BARCELLOS, Ana Paula de. *A eficácia jurídica dos princípios constitucionais*: o princípio da dignidade da pessoa humana. Rio de Janeiro: Renovar, 2002, p. 258-261.

[22] BRASIL. Lei nº 9.656, de 03 de junho de 1998. Dispõe sobre os planos e seguros privados de assistência à saúde.

[23] Sobre esse aspecto, o médico e cientista Antônio Drauzio Varela sustenta que o plano de saúde não é um plano em essência, haja vista que só se procura a assistência quando se precisa. Não há planejamento e prevenção (O SUS tem futuro. *Globo News Painel*. Disponível em: fgvsaude.fgv.br/destaques/o-sus-tem-futuro).

De outra banda, em que pese o enfoque que esteja se estabelecendo refira-se à proteção da saúde como direito fundamental, existem entendimentos na doutrina brasileira que consideram a saúde pela óptica dos direitos fundamentais também como um dever fundamental.[24]

No Brasil, a gigantesca demanda pelos serviços de saúde e bens correlatos[25] oferecidos gratuitamente pela Administração Pública demonstra a imensurável necessidade da população em exercer esse direito fundamental, explicando o surgimento na saúde de regramentos específicos para protegê-la e promovê-la, bem como a criação de um Sistema Único para concretizar a efetivação da saúde por meio de políticas públicas.

Nesse sentido, a partir do disposto nos arts. 198 e 200 da Constituição Federal, é criado pela Lei nº 8.080/90 o Sistema Único de Saúde, segundo a doutrina, egresso da filosofia do

---

[24] Ingo Wolfgang Sarlet, nesse sentido, defende que: "Tal afirmativa decorre, pelo menos no que se refere ao Estado, diretamente da dicção do texto constitucional, que, no artigo 196, prescreve que 'a saúde é direito de todos e *dever do Estado*', salientando a obrigação precipuamente estatal de proteção e efetivação desse direito. Isso não significa, todavia – a não ser que se pretenda sustentar uma interpretação literal e restritiva –, que o dever fundamental de proteção (e promoção) da saúde não gera efeitos na esfera das relações entre particulares, uma vez que estes se encontram também vinculados (na condição de destinatários) às normas que asseguram direitos e impõe deveres fundamentais. Basta lembrar que a ofensa à integridade física e corporal de outrem é frequentemente causa de conduta punível na esfera penal, assim como de estipulação de indenização no âmbito cível. Por outro lado, argumenta-se ainda em favor da existência de um dever da própria pessoa (e de cada pessoa) para com sua própria saúde (vida, integridade física e dignidade pessoal), hábil a justificar, dependendo das circunstâncias do caso concreto, até mesmo a intervenção judicial visando à proteção da pessoa contra si mesma, em homenagem ao caráter (ao menos em parte) irrenunciável da dignidade da pessoa humana e dos direitos fundamentais, como ocorre, por exemplo, nos casos de internação compulsória e de cogente submissão a determinados tratamentos" (SARLET, *op. cit.*, p. 38).

[25] No Brasil, segundo dados do SIH/SUS, 37.565.785 internações cirúrgicas ocorreram entre 2008 a 2016. Em relação ao subgrupo de procedimentos cirúrgicos, prevaleceram as cirurgias obstétricas (8.583.315 cirurgias), sistema digestivo (6.426.105 cirurgias) e osteomuscular (6.289.449 cirurgias). *Revista Latino-Americana de Enfermagem*, v. 27, abr. 2019. Disponível em: https://www.scielo.br/scielo.php?script=sci_abstract&pid=S0104-11692019000100331&lng=en&nrm=iso&tlng=pt. Acesso em: 22 ago. 2019.

Relatório Dawson,[26] cujos objetivos estão estabelecidos no art. 5º do aludido diploma legal.[27]

A seguir, trata-se de maneira mais detalhada da estrutura do Sistema Único de Saúde e sua funcionalidade, bem como da competência dos entes federativos, para apresentar a estruturação da saúde no Brasil.

---

[26] Relatório do Parlamento Inglês (1920). Segundo Olga Sofia Fabergé Alves, em *Narrativas de vivências em políticas públicas de saúde no Estado de São Paulo* (2007), o relatório inaugurou o pensar a saúde como política pública. Disponível em: http://www.cfh.ufsc.br. Acesso em: 21 ago. 2019.

[27] BRASIL. Lei nº 8.080/90, art. 5º. São objetivos do Sistema Único de Saúde (SUS): I - a identificação e divulgação dos fatores condicionantes e determinantes da saúde; II - a formulação de política de saúde destinada a promover, nos campos econômico e social, a observância do disposto no §1º do art. 2º desta lei; III - a assistência às pessoas por intermédio de ações de promoção, proteção e recuperação da saúde, com a realização integrada das ações assistenciais e das atividades preventivas.

A ESTRUTURA DO SISTEMA DE SAÚDE NO BRASIL. HIERARQUIA, COMPETÊNCIAS E PRINCIPIOLOGIA

No Brasil, em razão de se configurar na forma estatal de República Federativa, o Poder Central da União, ou seja, o Governo Federal, detém a maior parte do controle do sistema de saúde, incluindo o orçamento, apesar da descentralização prevista na Constituição e em lei, como se verá mais adiante.

Com efeito, no caso brasileiro, o Ministério da Saúde reveste-se no órgão do Poder Executivo Federal, que tem a responsabilidade de organizar e elaborar os planos e as políticas públicas voltadas para a promoção, a prevenção e a assistência à saúde dos brasileiros.

Logo, a função precípua do Ministério da Saúde é a de dispor de condições para a proteção e recuperação da saúde da população, reduzindo as enfermidades, controlando as doenças endêmicas e parasitárias e melhorando a vigilância à saúde, dando, assim, mais qualidade de vida ao brasileiro. Sua missão é a de "promover a saúde da população mediante a integração e a construção de parcerias com os órgãos federais, as unidades da Federação, os municípios, a iniciativa privada e a sociedade, contribuindo para a melhoria da qualidade de vida e para o exercício da cidadania".[28]

---

[28] Disponível em: www.saude.gov.br. Acesso em: 22 ago. 2019.

É a seguinte a estrutura organizacional do Ministério da Saúde no Brasil. Autarquias: Agência Nacional de Vigilância Sanitária (ANVISA) e Agência Nacional de Saúde Suplementar (ANS); Fundações Públicas: FUNASA e FIOCRUZ; Empresas Públicas: HEMOBRÁS, Hospital N. S. da Conceição S/A, Hospital Fêmina S/A, Hospital Cristo Redentor S/A; Órgãos Colegiados: Conselho Nacional de Saúde, Conselho Nacional de Saúde Suplementar, Comissão Nacional de Incorporação de Tecnologias do SUS; Gabinete do Ministro (GM); Diretoria de Integridade (DINTEG); Consultoria Jurídica (CONJUR); Departamento Nacional de Auditoria do SUS (DENASUS); Secretaria-Executiva (SE); Coordenação-Geral de Gestão de Demandas Judiciais em Saúde (CGJUD); Subsecretaria de Assuntos Administrativos (SAA); Departamento de Logística em Saúde (DLOG); Subsecretaria de Planejamento e Orçamento (SPO); Departamento de Economia da Saúde, Investimentos e Desenvolvimento (DESID); Diretoria-Executiva do Fundo Nacional de Saúde (FNS); Superintendências Estaduais (SEMS); Departamento de Gestão Interfederativa e Participativa (DGIP); Departamento de Informática do SUS (DATASUS); Departamento de Monitoramento e Avaliação do SUS (DEMAS); Departamento de Saúde Digital (DESD); Secretaria de Ciência, Tecnologia, Inovação e Insumos Estratégicos em Saúde (SCTIE); Departamento de Assistência Farmacêutica e Insumos Estratégicos; Departamento de Ciência e Tecnologia.[29]

Conforme acentuado anteriormente, a gestão da saúde no Brasil, a partir dos desígnios constitucionais, é procedida pelo Sistema Único de Saúde (SUS), que representa um dos maiores e mais complexos sistemas de saúde pública do mundo, abrangendo desde o simples atendimento para avaliação da pressão arterial, por meio da "atenção primária", até o

---

[29] Disponível em: www.saude.gov.br. Acesso em: 22 ago. 2019.

transplante de órgãos, garantindo acesso integral, universal e totalmente gratuito para toda a população.[30]

Nesse passo, deve ser ressaltado que o Sistema Único de Saúde do Brasil detém e administra o maior programa de transplante de órgãos humanos do mundo, bem como é líder em atendimentos no tratamento da AIDS, que os portugueses denominam pela sigla SIDA.

Demonstrando ainda mais a dimensão do SUS na prestação de serviços de saúde, foram realizadas cerca de 11 milhões de internações hospitalares, 290 milhões de consultas médicas (de urgência e especializadas), 2 milhões de cirurgias eletivas e 2 bilhões de procedimentos ambulatoriais (de média e alta complexidade), por ano, a partir de 2012.[31]

Percebe-se, sem nenhuma dúvida, que a criação do SUS oportunizou o acesso universal ao sistema público de saúde, sem estabelecer qualquer espécie de discriminação. Nesse sentido, a atenção integral à saúde, e não somente aos cuidados assistenciais, passou a ser uma garantia constitucional, um direito de todos os brasileiros (inclusive dos estrangeiros residentes),[32] desde a gestação e por toda a vida, com foco na saúde com qualidade de vida, visando à prevenção e à promoção da saúde.

No tocante à gestão das ações e dos serviços de saúde, no Brasil, deve a mesma ser solidária e participativa, compreendendo os três entes da Federação: a União, os 26 Estados mais o Distrito Federal, e os 5.570 Municípios até 2019.

---

[30] Idem.
[31] Relatório de Gestão de 2017 da Secretaria de Atenção à saúde do Ministério da Saúde. Disponível em: https://portalarquivos2.saude.gov.br. Acesso em: 18 dez. 2019.
[32] O artigo 5º, *caput*, da Constituição Federal de 1988, encontra-se disposto da seguinte forma: "Todos são iguais perante a lei, sem distinção de qualquer natureza, garantindo-se aos brasileiros e aos estrangeiros residentes no país a inviolabilidade do direito à vida, à liberdade, à igualdade, à segurança e à propriedade, nos termos seguintes [...]".

É de se destacar que a rede que compõe o SUS é ampla e abrange tanto ações, quanto os serviços de saúde, englobando a atenção primária, média e alta complexidades, os serviços de urgência e emergência, a atenção hospitalar, as ações e serviços das vigilâncias epidemiológica, sanitária e ambiental, bem como a assistência farmacêutica, considerando-se as verdadeiras dimensões continentais do Brasil.

A composição do Sistema Único de Saúde (SUS) é formada pelo Ministério da Saúde, Estados e Municípios, conforme estabelecido na Constituição Federal, cada qual com sua responsabilidade específica.

No caso do Ministério da Saúde, conforme mencionado alhures, ele é o gestor nacional do SUS, responsável pela formulação, normatização, fiscalização, monitoramento e avaliação das políticas e ações, em articulação com o Conselho Nacional de Saúde, atuando no âmbito da Comissão Intergestores Tripartite (CIT) para pactuar o Plano Nacional de Saúde, que representa um instrumento central de planejamento, que orienta a implementação de todas as iniciativas de gestão no Sistema Único de Saúde, explicitando os compromissos setoriais de governo, além de refletir, a partir da análise situacional, as necessidades de saúde da população e a capacidade de oferta pública de ações, serviços e produtos para o seu atendimento.[33]

Merece destaque, no âmbito federal, o Conselho Nacional de Saúde (CNS), instituído pela Lei nº 8.142, de 22 de dezembro de 1990, órgão colegiado de caráter permanente

---

[33] O Plano Nacional de Saúde deve considerar as diretrizes definidas pelos Conselhos e Conferências de Saúde. Deve ser observado o disposto na Lei Complementar nº 141/2012, que dispõe sobre os valores mínimos a serem aplicados anualmente pela União, Estados, Distrito Federal e Municípios em ações e serviços públicos de saúde; estabelece os critérios de rateio dos recursos de transferências para a saúde e as normas de fiscalização, avaliação e controle das despesas com saúde nas 3 (três) esferas de governo.

e deliberativo que integra o quadro regimental do Ministério da Saúde, composto por representantes do governo, prestadores de serviço, profissionais de saúde e usuários, atuando na formulação de estratégias e no controle da execução da política de saúde na instância correspondente, inclusive nos aspectos econômicos e financeiros, cujas decisões são homologadas pelo Chefe do Poder legalmente constituído em cada esfera do governo.[34]

São competências do Conselho Nacional de Saúde: I - atuar na formulação de estratégias e no controle da execução da Política Nacional de Saúde, na esfera do Governo Federal, inclusive nos aspectos econômicos e financeiros; II - estabelecer diretrizes a ser observadas na elaboração dos planos de saúde, em razão das características epidemiológicas e da organização dos serviços; III - elaborar cronograma de transferência de recursos financeiros aos Estados, ao Distrito Federal e aos Municípios, consignados ao SUS; IV - aprovar os critérios e os valores para remuneração de serviços e os parâmetros de cobertura de assistência; V - propor critérios para a definição de padrões e parâmetros assistenciais; VI - acompanhar e controlar a atuação do setor privado da área da saúde, credenciado mediante contrato ou convênio; VII - acompanhar o processo de desenvolvimento e incorporação científica e tecnológica na área de saúde, visando à observação de padrões éticos compatíveis com o desenvolvimento sociocultural do país; VIII - articular-se com o Ministério da Educação quanto à criação de novos cursos de ensino superior na área da saúde, no que concerne à caracterização das necessidades sociais; e IX - fortalecer a participação e o controle social no SUS.[35]

---

[34] §2º, do art. 1º, da Lei nº 8.142, de 28 de dezembro de 1990.
[35] Art. 10, da Resolução nº 407, do CNS, de 12 de setembro de 2008, que aprova o Regimento Interno do CNS.

No âmbito estadual, as Secretarias Estaduais de Saúde (SES)[36] participam da formulação das políticas e ações de saúde, prestam apoio aos Municípios em articulação com o Conselho Estadual de Saúde e integram a Comissão Intergestores Bipartite (CIB) para aprovar e implementar o Plano Estadual de Saúde.

As Secretarias Municipais de Saúde (SMS)[37] elaboram o planejamento, organizam, controlam, avaliam e executam as ações e serviços de saúde em articulação com o Conselho Municipal e a esfera estadual para aprovar e implantar o Plano Municipal de Saúde.

Os Conselhos de Saúde, estadual e municipal, além do nacional, visto anteriormente, possuem caráter permanente e deliberativo. São órgãos colegiados, compostos por representantes do governo, prestadores de serviço, profissionais de saúde e usuários, atuando na formulação de estratégias e no controle da execução da política de saúde na instância correspondente (nacional, estadual e municipal), inclusive nos aspectos econômicos e financeiros, cujas decisões são homologadas pelo chefe do poder legalmente constituído na respectiva esfera do governo.

Os próprios Conselhos de Saúde têm competência para definir o número de membros, que, de acordo com a normatização do setor, deve ser composto por 50% de entidades e movimentos representativos de usuários; 25% de entidades representativas dos trabalhadores da área de saúde e 25% de representação de governo e prestadores de serviços privados conveniados, ou sem fins lucrativos.[38]

---

[36] O Brasil possui 26 Estados e um Distrito Federal, cuja capital é Brasília. Artigo 18, §1º, da CF/88.

[37] O Brasil possui 5.568 Municípios. Disponível em: www.ibge.gov.br. Acesso em: 26 ago. 2019.

[38] O Decreto nº 99.438, de 07 de julho de 1990, regulamentou as novas atribuições do CNS e definiu as entidades e órgãos que compõem o Conselho Nacional de Saúde.

Ainda na gestão da saúde no Brasil, faz parte da estrutura do sistema brasileiro a Comissão Intergestores Tripartite (CIT), que se caracteriza em um foro de negociação e pactuação entre gestores nos âmbitos federal, estadual e municipal, quanto aos aspectos operacionais do SUS. É reconhecida como uma inovação gerencial na política pública de saúde no Brasil, constituindo-se em foro permanente de negociação, articulação e decisão entre os gestores em questões operacionais e na construção de pactos nacionais, estaduais e regionais no Sistema Único de Saúde brasileiro.[39]

Evidenciando a descentralização de natureza operacional, o Sistema Único de Saúde brasileiro conta ainda com a Comissão Intergestores Bipartite (CIB), que representa um foro de negociação e pactuação entre gestores estaduais e municipais. É constituída (em nível estadual) paritariamente por representantes da Secretaria Estadual de Saúde e das Secretarias Municipais de Saúde, indicados pelo Conselho de Secretários Municipais de Saúde (COSEMS). Incluem, obrigatoriamente, o Secretário de Saúde da capital do estado.[40]

Objetivando fortalecer as Secretarias Estaduais de Saúde, tornando-as mais participativas na reconstrução do setor saúde, e representá-las politicamente, foi criado o Conselho Nacional de Secretários da Saúde (CONASS), entidade de direito privado, sem fins lucrativos, que se pauta pelos princípios que regem o direito público e que congrega os Secretários de Estado da Saúde e seus substitutos legais, enquanto gestores

---

A Resolução nº 333 – CNS, de 04 de novembro de 2003, estabeleceu as diretrizes para a criação, reformulação, estruturação e funcionamento dos Conselhos de Saúde.

[39] A Comissão Intergestores Tripartite foi instituída por meio da Portaria nº 1.180, de 22 de julho de 1991, com a denominação de Comissão Técnica em âmbito nacional, posteriormente denominada Comissão Intergestores Tripartite. Disponível em: www.saude.gov.br/gestao-do-sus/articulacao-interfederativa/comissao-intergestores-tripartite. Acesso em: 26 ago. 2019.

[40] Disponível em: http://bvsms.saude.gov.br/bvs/sus/comissoes.php. Acesso em: 29 ago. 2019.

oficiais das Secretarias de Estado da Saúde (SES) dos Estados e Distrito Federal. Possui 13 Câmaras Técnicas: Atenção à Saúde, Atenção Primária à Saúde, Assistência Farmacêutica, Comunicação em Saúde, Direito Sanitário, Epidemiologia, Vigilância em Saúde Ambiental, Gestão e Financiamento, Saúde do Trabalhador, Gestão do Trabalho e da Educação na Saúde, Informação e Informática, Vigilância Sanitária, Qualidade do Cuidado e Segurança do Paciente.[41]

Na mesma passada, foi instituído o Conselho Nacional de Secretarias Municipais de Saúde (CONASEMS), pessoa jurídica de direito privado e declarada de utilidade pública, sem fins lucrativos, que tem por finalidade congregar as Secretarias Municipais de Saúde para atuarem em prol do desenvolvimento da saúde pública, da universalidade e igualdade do acesso da população às ações e serviços de saúde, promovendo ações conjuntas que fortaleçam a descentralização política, administrativa e financeira do Sistema Único de Saúde.[42]

É importante destacar, em relação ao CONASEMS, que ele surge enquanto iniciativa de se contrapor à centralização do processo decisório do Governo Federal, para que os Municípios venham a desempenhar de forma ativa uma gestão democrática na saúde, considerando as peculiaridades de milhares de Municípios brasileiros, atendendo ao ideário constitucional estabelecido para o Sistema Único de Saúde do Brasil.

E por derradeiro, na estrutura do Sistema Único de Saúde, há os Conselhos de Secretarias Municipais de Saúde (COSEMS), reconhecidos como entidades que representam os entes municipais, no âmbito estadual, para tratar de matérias

---

[41] O CONASS possui representação na Comissão de Gestores Tripartite, no Conselho Consultivo da ANVISA, na ANS, na Hemobrás. Disponível em: https://www.conass.org.br. Acesso em: 29 ago. 2019.

[42] Artigo 1º do Estatuto do CONASEMS. Disponível em: www.conasems.org.br. Acesso em: 29 ago. 2019.

referentes à saúde, desde que vinculados institucionalmente ao CONASEMS, na forma que dispuserem seus estatutos. Representam, portanto, os interesses das Secretarias Municipais de Saúde, congregando todos os Secretários Municipais de Saúde como membros-efetivos. Integram os Conselhos Estaduais de Saúde, a Comissão Intergestores Bipartite (CIB), as Comissões Temáticas e Câmaras Técnicas, além de possuir representação no Conselho Nacional de Secretários Municipais de Saúde (CONASEMS) e na Comissão Intergestores Tripartite (CIT).

Cabe destacar que, no Brasil, duas agências reguladoras atuam na área da saúde, quais sejam, a Agência Nacional de Vigilância Sanitária (ANVISA) e a Agência Nacional de Saúde Suplementar (ANS), representando a nova formatação estatal de gestão – o Estado regulador, atuando no setor privado, bem como ainda a existência das Organizações Sociais da Saúde (OSS), pessoas jurídicas de direito privado, que administram unidades públicas de saúde no modelo de parcerias público-privada.

A Agência Nacional de Vigilância Sanitária (ANVISA) foi criada pela Lei nº 9.782, de 26.01.1999, que define o Sistema Nacional de Vigilância Sanitária. A lei instituidora da ANVISA estabelece a agência como autarquia sob regime especial, vinculada ao Ministério da Saúde, caracterizada pela independência administrativa, estabilidade de seus dirigentes e autonomia financeira, atuando como entidade administrativa independente.

São de competência da ANVISA, entre outras: I - coordenar o Sistema Nacional de Vigilância Sanitária; II estabelecer normas, propor, acompanhar e executar as políticas, as diretrizes e as ações de vigilância sanitária; III - conceder registros de produtos, segundo as normas de sua área de atuação; IV - interditar, como medida de vigilância sanitária, os locais de fabricação, controle, importação, armazenamento, distribuição e venda de produtos e de prestação de serviços relativos à saúde, em caso de violação da legislação pertinente ou de risco iminente à saúde; V - coordenar as ações de vigilância sanitária realizadas por todos os laboratórios que compõem a rede oficial de laboratórios de controle de qualidade em saúde; VI - estabelecer, coordenar e monitorar os sistemas de vigilância toxicológica e farmacológica; VII - monitorar e auditar os órgãos e entidades estaduais, distrital e municipais, que integram o Sistema Nacional de Vigilância Sanitária; VIII - monitorar a evolução dos preços de medicamentos, equipamentos, componentes, insumos e serviços de saúde; IX - controlar, fiscalizar e acompanhar, sob o prisma da legislação sanitária, a propaganda e publicidade de produtos submetidos ao regime de vigilância sanitária.[43]

A ANVISA é dirigida por uma diretoria colegiada, composta por até cinco membros, entre brasileiros, nomeados pelo Presidente da República após aprovação prévia do Senado Federal, com mandato de três anos, admitida uma única recondução.

A Agência Nacional de Saúde Suplementar (ANS), criada pela Lei nº 9.961/2000,[44] é uma autarquia sob o regime especial, vinculada ao Ministério da Saúde, como órgão de regulação, normatização, controle e fiscalização das atividades que garantam a assistência suplementar à saúde, caracterizada por autonomia administrativa, financeira, patrimonial e de gestão de recursos humanos, autonomia nas suas decisões técnicas e mandato fixo de seus dirigentes, com a finalidade institucional de promover a defesa do interesse público na assistência suplementar à saúde, regulando as operadoras setoriais, inclusive quanto às suas relações com prestadores

---

[43] BRASIL. Lei nº 9.782, de 26 de janeiro de 1999. Artigos 3º, 4º e 7º.
[44] BRASIL. Lei nº 9.961, de 28 de janeiro de 2000.

e consumidores, contribuindo para o desenvolvimento das ações de saúde no país.[45]

É de competência da ANS, entre outras: I - propor políticas e diretrizes gerais ao Conselho Nacional de Saúde Suplementar para a regulação do setor de saúde suplementar; II - estabelecer as características gerais dos instrumentos contratuais utilizados na atividade das operadoras; III - elaborar o rol de procedimentos e eventos em saúde, que constituirão referência básica, e suas excepcionalidades; IV - estabelecer normas para ressarcimento ao Sistema Único de Saúde; V - estabelecer critérios de aferição e controle da qualidade dos serviços oferecidos pelas operadoras de planos privados de assistência à saúde; VI - estabelecer normas, rotinas e procedimentos para concessão, manutenção e cancelamento de registro dos produtos das operadoras de planos privados de assistência à saúde; VII - autorizar reajustes e revisões das contraprestações pecuniárias dos planos privados de assistência à saúde; VIII - autorizar o registro e o funcionamento das operadoras de planos privados de assistência à saúde; IX - fiscalizar as atividades das operadoras de planos privados de assistência à saúde e zelar pelo cumprimento das normas atinentes ao seu funcionamento; X - exercer o controle e a avaliação dos aspectos concernentes à garantia de acesso, manutenção e qualidade dos serviços prestados, direta ou indiretamente, pelas operadoras de planos privados de assistência à saúde; XI - instituir o regime de direção fiscal ou técnica nas operadoras; XII - proceder à liquidação das operadoras que tiverem cassada a autorização de funcionamento; XIII - articular-se com os órgãos de defesa do consumidor visando à eficácia da proteção e defesa do consumidor de serviços privados de assistência à saúde.[46]

---

[45] Arts. 1º e 3º, da Lei nº 9.961/2000.
[46] Art. 4º, da Lei nº 9.961/2000.

A ANS é dirigida por uma diretoria colegiada, composta por até cinco diretores, nomeados pelo Presidente da República após aprovação prévia pelo Senado Federal, com mandato de três anos, admitida uma única recondução.[47]

Por oportuno, destaca-se ainda, na área da regulação da saúde, a regulação de medicamentos, integrante da Política Nacional de Saúde, que, por sua amplitude, apresenta características de uma política intersetorial, dialogando com outros setores do aparelho de Estado, entre os quais se assinalam os Ministérios de Ciência e Tecnologia, da Indústria e Comércio, os da área econômica, e com outros atores políticos, econômicos e sociais, como a indústria farmacêutica, o Parlamento, as entidades de profissionais de saúde e outras da sociedade civil organizada, inclusive, organizações internacionais.[48]

Ademais, decorrente da Política Nacional de Saúde (PNS), introduzida pela Lei nº 8.080, de 19.09.1990 (lei de criação do SUS), foram estabelecidos dois eixos fundamentais ao setor de medicamentos para atingir os objetivos estabelecidos na PNS, quais sejam, a Política Nacional de Medicamentos (PNM) e a Política de Assistência Farmacêutica (PAF), que buscam promover o acesso a medicamentos por toda a população.

Ocorre que, para a eficácia e plena funcionalidade dessa regulação específica da saúde, necessita-se da implementação de programas que complementem suas ações, como a distribuição e comercialização da produção estatal de medicamentos,[49]

---

[47] Arts. 5º e 6º, da Lei nº 9.961/2000.
[48] COSTA, Ediná Alves. Regulação e vigilância sanitária para a proteção da saúde. *In*: VIEIRA, Fernanda Pires; REDIGUIERI, Camila Fracalossi; REDIGUIERI, Carolina Fracalossi (Org.). *A regulação de medicamentos no Brasil*. Porto Alegre: ArtMed, 2013. VitalBook file, p.29.
[49] O Governo Federal na gestão do ex-Presidente Luiz Inácio Lula da Silva criou, em 2004, o Programa Farmácia Popular do Brasil, para ampliar o acesso aos medicamentos para as doenças mais comuns entre os cidadãos. O Programa possui duas modalidades: uma rede própria de farmácias populares e a parceria com farmácias e drogarias da rede privada, chamada de "Aqui tem Farmácia Popular". Existe tabela de medicamentos e preços da Farmácia Popular do Brasil, sendo que o valor do

considerando-se que o setor sofre forte regulação e que a iniciativa privada, com a imponente indústria farmacêutica, atua de maneira hegemônica no mercado,[50] destacando-se a existência da Política Nacional de Assistência Farmacêutica.[51]

Argumente-se, pois, que a assistência farmacêutica deve pautar-se pela garantia do fornecimento de medicamentos de acordo com uma definição técnica de adequação e de custo/efetividade, a fim de atingir o maior número de pessoas que necessitam desses medicamentos.

---

medicamento pode custar até 90% mais barato que o comercializado na rede privada. O governo do ex-presidente Michel Temer encerrou 517 farmácias populares mantidas pelo Governo Federal e, no governo do Presidente Jair Bolsonaro, foram descredenciadas as farmácias privadas, mantidas através de convênios com o Poder Público, estimando-se que, de 2015 a 2019, cerca de 7 milhões de brasileiros deixaram de ter acesso aos benefícios do programa, que na prática foi extinto. Disponível em: http://portalsaude.saude.gov.br. Acesso em: 19 set. 2019. Ver também em: https://panoramafarmaceutico.com.br.

[50] SILVA, Ricardo Augusto Dias da. *Regulação de medicamentos*: um olhar a partir da experiência brasileira e estadunidense. Belo Horizonte: Fórum, 2019.

[51] A Política Nacional de Assistência Farmacêutica foi aprovada pela Resolução nº 338, de 06.05.2004, do Conselho Nacional de Saúde. Em seu artigo 2º, dispõe sobre a que se destina: I - a garantia de acesso e equidade às ações de saúde, inclui, necessariamente, a Assistência Farmacêutica; II - manutenção de serviços de assistência farmacêutica na rede pública de saúde; III - qualificação dos serviços de assistência farmacêutica existentes; IV - descentralização das ações, com definição das responsabilidades das diferentes instâncias gestoras, de forma pactuada; V - desenvolvimento, valorização, formação, fixação e capacitação de recursos humanos; VI - modernização e ampliação da capacidade instalada e de produção dos Laboratórios Farmacêuticos Oficiais; VII - utilização da Relação Nacional de Medicamentos Essenciais (RENAME), atualizada periodicamente, como instrumento racionalizador das ações no âmbito da assistência farmacêutica; VIII - pactuação de ações intersetoriais que visem à internalização e o desenvolvimento de tecnologias que atendam às necessidades de produtos e serviços do SUS; IX - implementação de forma intersetorial, de uma política pública de desenvolvimento científico e tecnológico, envolvendo os centros de pesquisa e as universidades brasileiras; X - definição e pactuação de ações intersetoriais que visem à utilização das plantas medicinais e medicamentos fitoterápicos no processo de atenção à saúde; XI - construção de uma Política de Vigilância Sanitária que garanta o acesso da população a serviços e produtos seguros, eficazes e com qualidade; XII - estabelecimento de mecanismos adequados para a regulação e monitoração do mercado de insumos e produtos estratégicos para a saúde, incluindo os medicamentos; XIII - promoção do uso racional de medicamentos, por intermédio de ações que disciplinem a prescrição, a dispensação e o consumo. Disponível em: http://bvsms.saude.gov.br/bvs/saudelegis/cns/. Acesso em: 19 set. 2019.

Nesse sentido, a filosofia do planejamento da assistência farmacêutica no SUS busca garantir o acesso a medicamentos da forma mais racional possível, envolvendo as três esferas de governo, utilizando as normatizações e, principalmente, os protocolos clínicos para atingir a efetividade esperada nos tratamentos, segundo comenta Yoshimi Tanaka.[52]

Com efeito, nas hipóteses de dispensação medicamentosa que esteja fora da padronização estabelecida pelo SUS, corre-se o risco de alterar uma alocação de recursos financeiros para poucos em detrimento de benefícios que poderiam destinar-se a muitos cidadãos, destacando-se que as padronizações e os protocolos estabelecidos pelo SUS estão baseados em evidências científicas comprovadas por análises estatísticas disponíveis na literatura científica.

O Sistema Único de Saúde brasileiro, em muitas oportunidades, encontra-se diante da situação de garantir o fundamental para grande parte da população e o de garantir o direito individual à saúde de alguns poucos indivíduos que conseguem, por meio de uma decisão judicial, a dispensação de medicamentos cujo custo e efetividade não são plenamente conhecidos e validados.[53]

Dando fecho na relação com o setor privado, no Sistema Único de Saúde do Brasil atuam as Organizações Sociais de Saúde (OSS), surgidas após a Reforma do Estado ocorrida na década de 90, consideradas integrantes do chamado terceiro setor e vinculadas à forma jurídico-administrativa das Parcerias Público-Privadas, criadas pela Lei nº 9.637/98,[54] portanto,

---

[52] TANAKA, Oswaldo Yoshimi. A judicialização da prescrição medicamentosa no SUS ou o desafio de garantir o direito constitucional de acesso à assistência farmacêutica. *Revista de Direito Sanitário*, São Paulo, v. 9, n. 2, p. 139-143, jul./out. 2008.

[53] SILVA, Ricardo Augusto Dias da. *Regulação de medicamentos*: um olhar a partir da experiência brasileira e estadunidense. Belo Horizonte: Fórum, 2019.

[54] Lei nº 9.637, de 15 de maio de 1998. Dispõe sobre a qualificação de entidades como organizações sociais.

pessoas jurídicas de direito privado, sem fins lucrativos,[55] ao menos na norma instituída, haja vista que a saúde privada no Brasil tem se mostrado um setor bastante lucrativo e em franco crescimento.

Parte da doutrina brasileira entende que as Organizações Sociais da Saúde (OSS) materializam a tendência crescente da "privatização ativa", quando o Estado estimula a formação de um mercado interno na saúde, amplia as modalidades de transferência do fundo público para o setor privado e garante os instrumentos legais para a operacionalização desse novo modelo, num contexto em que a lógica mercantil vem se tornando o elemento definidor dos rumos da política nacional de saúde.[56]

Apesar de não integrar o escopo principal do presente artigo, releva destacar que esse processo de concessão pela via judicial de medicamentos, serviços e demais bens inerentes ao setor é uma ocorrência jurídica denominada pela doutrina e jurisprudência brasileira de judicialização da saúde, o que não ocorre em Portugal.

Com efeito, para garantir-se o direito à proteção da saúde, não sendo o mesmo efetivado por meio de políticas públicas e da prestação de serviços regular pelo Estado brasileiro, o caminho percorrido pela cidadania tem sido o de recorrer ao Poder Judiciário, de maneira individual ou coletiva, bem como

---

[55] MORAIS, Heloisa Maria Mendonça et al. Organizações Sociais da Saúde: uma expressão fenomênica da privatização da saúde no Brasil. Cad. Saúde Pública, 34(1), 2018.

[56] Idem. Nessa minuciosa publicação, a pesquisa concluiu pela questionável natureza não lucrativa das OSS como entidades do "terceiro setor", pois as mesmas figuram em *ranking* das maiores empresas do país e há possibilidade de aplicação dos excedentes monetários na dinâmica da financeirização dos capitais, entendendo-se as organizações como forma política ancorada na dinâmica de expansão do mercado da saúde e na acumulação decorrente deste processo. Ver também, DI PIETRO, Maria Sílvia Zanella. *Parcerias na administração pública*. 4. ed. São Paulo: Atlas; 2004; ARAÚJO, Edmir Netto de. *Curso de direito administrativo*. São Paulo: Saraiva; 2005.

ainda, em algumas oportunidades, pelo Ministério Público,[57] pela Defensoria Pública, além dos escritórios de advocacia.

Destaque-se, por oportuno, que, além da esfera judicial, tem-se observado ainda a busca da efetivação do direito à saúde também no plano extrajudicial, do qual se vislumbra a atuação do Ministério Público na resolução de conflitos, principalmente com a celebração de Termos de Ajustamento de Conduta (TAC), bem como a do PROCON,[58] que tem atuado na esfera administrativa no que pertine às relações de consumo dos usuários com os planos e seguros privados de saúde, de forma a evitar abusos na relação de consumo.

No Brasil, infere-se uma crescente demanda judicial acerca do acesso a procedimentos e fornecimento de bens relativos à proteção da saúde,[59] prestações positivas de saúde pelo Estado, representando, de um lado, significativo avanço no exercício da cidadania, e, de outro, o dilema entre o *mínimo existencial* e a *reserva do possível*, seja para o Judiciário, seja para os administradores que executam políticas públicas, compelidos a cumprir ordens judiciais em número cada vez maior, garantindo as mais diversas prestações do Estado, que representam recursos públicos e acarretam consequências na gestão do Sistema Único de Saúde.

---

[57] Acompanhando a posição do Supremo, o STJ entende haver legitimidade do Ministério Publico para interpor ação civil pública de cunho individual nos casos em que envolvem direito à saúde, por ser um direito individual indisponível (REsp nº 933.974/RS. Rel. Min. Teori Albino Zavascki. *DJ*, 19 dez. 2007).

[58] Procon é o órgão estadual responsável pela política de proteção, amparo e defesa do consumidor. Cabe ao Procon orientar, receber, analisar e encaminhar reclamações, consultas e denúncias de consumidores e aplicar sanções (artigos 55, 56, 82, III e 105 da Lei nº 8.078/90 – Código de Defesa do Consumidor).

[59] Entre 2016 e 2017, observa-se que o número de processos tratando do direito à saúde aumentou em quase 50%, passando de 792.851 para 1.183.812 processos. Os dados do Conselho Nacional de Justiça retratam apenas as demandas que foram efetivamente apresentadas ao Poder Judiciário, em que não constam os dados relativos aos pedidos administrativos formulados pelos cidadãos, Ministério Público, Defensoria Pública, Conselhos de Saúde e demais interessados. Disponível em: http://www.cnj.jus.br/pesquisas-judiciarias/justicaemnumeros/2016-10-21-13-13-04/pj-justica-em-numeros. Acesso em: 22 ago. 2019.

No Supremo Tribunal Federal, verifica-se que a tendência é considerar a responsabilidade solidária dos três entes federados em relação ao direito à saúde, podendo quem detiver legitimidade para figurar no polo ativo optar livremente por quem deseja acionar, se União, Estados e Distrito Federal ou Municípios.[60]

Ainda nessa mesma direção, o STF, ao analisar os limites do SUS no que se refere ao dever de garantir a vida às pessoas fora dos limites do território nacional, na hipótese de inexistir o tratamento para determinada doença no Brasil, vem decidindo favoravelmente, desde que devidamente caracterizada essa hipótese,[61] bem como também tem considerado a condição econômica da pessoa.[62]

---

[60] "[...] a decisão em relação à competência para a execução de programas de saúde e de distribuição de medicamentos não pode se sobrepor ao direito à saúde, assegurado pelo art. 196 da Constituição da República, que obriga todas as esferas de Governo a atuarem de forma solidária" (SL nº 166/RJ – Presidente Ministra Ellen Gracie, 14.01.2007. *DJ*, p. 38, 21 jun. 2007).
Em decisão monocrática, datada de 21 de maio de 2019, o Presidente do STF, Ministro Dias Toffoli, para suspender participação de município na obrigação de fornecer medicação de alto custo no processo de Suspensão de Tutela Provisória (STP) 127. Disponível em: www.stf.jus.br/portal. Acesso em: 20 set. 2019.
É o entendimento de parte da doutrina, que sustenta: "Como as demandas judiciais majoritariamente são contra o Município onde se localiza o domicílio do demandante, tem sido comum a cominação do Município no cumprimento do dever constitucional de cuidar da saúde sem levar em consideração a organização do SUS, conforme expresso em linhas gerais no art. 198, *caput*, da CR/1988, e explicitado no citado Decreto nº 7.508/2011. O SUS tem estrutura organizativa complexa que requer análise à luz de seus regramentos, não sendo correto estender à saúde o conceito de responsabilidade solidária imediata e preferencialmente contra o Município por ser a saúde dever constitucional que implica a todos os entes federativos". *In*: PINTO, Élida Graziane; BAHIA, Alexandre Melo Franco de Moraes; SANTOS, Lenir. O financiamento da saúde na Constituição de 1988: um estudo em busca da efetividade do direito fundamental por meio da equalização federativa do dever do seu custeio mínimo. *A&C – Revista de Direito Administrativo & Constitucional*, Belo Horizonte, ano 16, n. 66, p. 209-237, out./dez. 2016.

[61] Decisão obrigou a Requerente ao depósito da quantia de US$218.833,00 na conta corrente da Universidade of Texas, M. D. Anderson Cancer Center, bem como custear o tratamento médico do autor até sua total convalescença [...] Pois bem, o autor somente procurou ajuda no exterior quando no Brasil suas chances de viver foram dadas como nenhuma. (STA, Suspensão de Tutela Antecipada 50/PA-Pará, Presidente Ministro Nelson Jobim. *DJ*, 14 nov. 2005).

[62] DISTRIBUIÇÃO GRATUITA DE MEDICAMENTOS A PESSOAS CARENTES [...] da efetividade a preceitos fundamentais da Constituição da República (arts. 5º, *caput*

Por seu turno, o Superior Tribunal de Justiça, ao tratar do difícil equacionamento entre a *reserva do possível* e o limite orçamentário com o *mínimo existencial* a ser garantido a cada ser humano, em regra, tem optado por garantir o direito à saúde na forma pleiteada,[63] considerando o direito à saúde como direito fundamental.[64]

O Superior Tribunal de Justiça (STJ), mais recentemente, definiu critérios para a concessão de medicamentos não incorporados em atos normativos do SUS, exigindo a presença cumulativa dos seguintes requisitos: (i) comprovação, por meio de laudo médico fundamentado e circunstanciado expedido por médico que assiste o paciente, da imprescindibilidade ou necessidade do medicamento, assim como da ineficácia, para o tratamento da moléstia, dos fármacos fornecidos

---

e 196) e representa, na concreção do seu alcance, um gesto reverente e solidário de apreço à vida e à saúde das pessoas, especialmente daquelas que nada possuem, a não ser a consciência de sua própria humanidade e de sua essencial dignidade. RE-AgR nº 271.286/RS. Rel. Min. Celso de Mello. *DJ*, 24 nov. 2000. No mesmo sentido Suspensão de Liminar, SL nº 166/RJ, Min. Ellen Gracie. *DJ*, 21 jun. 2007.

[63] "[...] A escassez de recursos públicos em oposição à gama de responsabilidades estatais a serem atendidas tem servido de justificativa à ausência de concretização do dever-ser normativo, fomentando a edificação do conceito da 'reserva do possível'. Porém, tal escudo não imuniza o administrador de adimplir promessas que tais, vinculadas aos direitos fundamentais prestacionais, quanto mais considerando a notória destinação de preciosos recursos públicos para áreas que, embora também inseridas na zona de ação pública, são menos prioritárias e de relevância muito inferior aos valores básicos da sociedade, representados pelos direitos fundamentais" (Resp nº 811608/RS. Min. Luiz Fux, julg. 15.05.2007. *DJ*, 04 jun. 2007).

[64] "[...] O direito fundamental a saúde, embora encontrando amparo nas posições jurídico-constitucionais que tratam do direito a vida, a dignidade da pessoa humana e a proteção a integridade física (corporal e psicológica), recebeu do texto constitucional prescrição autônoma nos arts. 6º e 196 [...]. Mesmo que situado, como comando expresso, fora do catálogo do art. 5º da CF/88, importante destacar que o direito à saúde ostenta o rótulo e direito fundamental, seja pela disposição do art. 5º, §2º, da CF/88, seja pelo seu conteúdo material, que o insere no sistema axiológico fundamental – valores básicos – de todo ordenamento jurídico [...]. Com efeito, já se viu, oportunamente, que, por força do disposto no art. 5º, §2º, da CF, diversas posições jurídicas previstas em outras partes da Constituição, por equiparadas em conteúdo e importância aos direitos fundamentais (inclusive sociais) adquirem também a condição de direitos fundamentais no sentido formal e material". AgRg no REsp nº 88.875/RS. Rel. Min. Luiz Fux. *DJ*, 22 out. 2007.

pelo SUS; (ii) incapacidade financeira de arcar com o custo de medicamento prescrito; e (iii) existência de registro na ANVISA do medicamento.[65]

Nesse passo, infere-se que essas constantes decisões dos Tribunais Superiores brasileiros têm ensejado cada vez mais o reconhecimento da dimensão do direito à saúde como um direito fundamental (direito público subjetivo), e não apenas como um direito social de eficácia contida, superando-se, assim, a natureza programática da norma constitucionalmente estabelecida. É o reconhecimento pelo Poder Judiciário de que entre a não eficácia e a eficácia absoluta da norma relativa ao direito à saúde existe um grande espaço para se construir a justiça social, num processo democrático, o qual tem fundamental importância e essencialidade, em que a cidadania ainda deposita a esperança de garantia de sua dignidade.[66]

Com efeito, a partir da estrutura do Sistema de Saúde do Brasil, necessário se faz discorrer sobre as responsabilidades dos entes que compõem o Sistema Único de Saúde brasileiro, extraídas da configuração federativa republicana, modelo constitucional do Brasil.

De acordo com a Constituição Federal de 1988, a República Federativa do Brasil é formada pela união indissolúvel dos Estados e Municípios e do Distrito Federal, conforme disposto no artigo 1º, da Carta Política brasileira,[67] devendo a

---

[65] Disponível em: www.stj.jus.br. Acesso em: 20 set. 2019. Ainda nessa direção, o STJ, em 06.10.2020, por meio de decisão liminar da lavra do ministro Napoleão Nunes Maia Filho, determinou que o Ministério da Saúde depositasse metade do valor do medicamento mais caro do mundo, Zolgensma, para tratamento de um bebê em processo que corre em segredo de Justiça. Disponível em: www.stj.jus.br. Acesso em: 08 dez. 2020.

[66] Nesse sentido, notadamente na hipótese de ausência de políticas públicas cumpridoras das normas-programa da Lei Maior, defende Lenio Streck: "surge o Judiciário como instrumento para o resgate dos direitos não realizados" (STRECK, Lenio Luiz. *Hermenêutica jurídica e(m) crise*. 2. ed. Porto Alegre: Livraria do Advogado, 2000. p. 45).

[67] BRASIL. Constituição Federal, art. 1º, *caput*.

estrutura do Sistema Único de Saúde estar em conformidade com o disposto na Constituição Federal.

No Sistema Único de Saúde do Brasil, a gestão federal da saúde é de responsabilidade do Ministério da Saúde, órgão da administração direta do Poder Executivo e principal financiador dos recursos que mantêm a rede pública de saúde.

Conforme referido alhures, o Ministério da Saúde é o responsável pela formulação da Política Nacional de Saúde, no entanto, não é o principal realizador dos programas e ações na área da saúde, dependendo dos demais entes da Federação, e entidades públicas e privadas.

Cada um dos 26 Estados e o Distrito Federal possuem uma Secretaria de Saúde própria, específica para a gestão de saúde. O órgão gestor da saúde tem a obrigação de aplicar recursos próprios, inclusive nos municípios, e os repassados pela União. Cada Estado e o Distrito Federal, em seus territórios, detêm a coordenação e planejamento das ações do Sistema Único de Saúde, bem como a organização do atendimento, devendo atender ao disposto nas normas federais pertinentes.

Na esfera dos Municípios, são os mesmos responsáveis pela execução das ações e serviços de saúde no âmbito do território municipal. A gestão do Município deve aplicar os recursos próprios e os transferidos pelo Governo Federal e pelo Estado a que pertence.

Nesse sentido, é o Município o responsável pela formulação de suas próprias políticas de saúde e também é um dos parceiros para a aplicação de políticas nacionais e estaduais de saúde, sendo também responsável pela coordenação e planejamento do SUS em nível municipal, respeitando a normatização federal. Normalmente, estabelece parcerias com outros Municípios para garantir o atendimento pleno de sua população, para procedimentos de complexidade que estejam acima daqueles que oferece em suas unidades de saúde.

Infere-se, portanto, que a partilha da competência segue os princípios que a Lei Maior brasileira adotou para a distribuição da competência em geral entre os entes federativos. Logo, resta evidente que todos os entes componentes da federação abrigados na denominação Estado (art. 196) têm competência em matéria de defesa e proteção da saúde.

De maneira genérica, encontra-se competência material exclusiva da União (art. 21), competência legislativa privativa da União (art. 22), competência comum da União, Estados, Distrito Federal e Municípios (art. 23), competência legislativa concorrente da União, Estados e Distrito Federal (art. 24), competência suplementar dos Estados e Municípios (arts. 24, §2º, e art. 30, II), competência indicativa dos Municípios (art. 30).[68]

O grosso das matérias de competência sanitária, entretanto, são as competências comum e legislativa concorrente. O art. 23 dispõe sobre a competência material comum da União, dos Estados, do Distrito Federal e dos Municípios na proteção da saúde (art. 23, II). A competência legislativa concorrente está prevista no art. 24 da Carta Federal, art. 24, XII – previdência social, proteção e defesa da saúde.

No caso da realidade disposta da federação brasileira, certo é que grande parte da proteção à saúde realiza-se no espaço local, pelo que se denota a importância do Município como Poder Público na garantia desse direito, apesar de ficar com uma parcela menor dos recursos no orçamento da União.

A relevância municipal em matéria de saúde afigura-se cada vez mais evidente com o processo de municipalização dos serviços de saúde. Os Municípios possuem a tarefa de execução, defesa e proteção da saúde, principalmente pelo reconhecimento de que a esfera municipal constitui a instância federativa mais próxima do cidadão e base do SUS, como pode

---

[68] BRASIL. Constituição Federal, arts. 21, 22, 23, 24 e 30.

ser verificado na análise da Lei nº 8.080/90, conforme alude Júlio Rocha.[69]

Ainda na trilha das competências, cabe destacar que as atribuições comuns e competências específicas de cada nível de governo na organização e gestão do Sistema Único de Saúde, em seu âmbito administrativo, estão definidas no texto da Lei nº 8.080, de 19 de setembro de 1990 (Lei do SUS).

Nesse sentido, a partir do disposto no art. 15 da Lei do SUS, pode-se afirmar que as responsabilidades comuns aos três níveis de governo são aquelas relacionadas às funções públicas governamentais de planejamento, regulação, financiamento e prestação de serviços.

Com efeito, do aludido diploma legal, infere-se que cabem aos três níveis de governo exercer, em seu âmbito administrativo, as seguintes atribuições: (i) organização e administração de sistemas de informação; (ii) elaboração de normas técnicas, padrões de qualidade e parâmetros de custos para a realização da assistência; (iii) organização e implementação de mecanismos e procedimentos de controle, avaliação e fiscalização das ações e serviços de saúde; (iv) colaboração na formulação e, em alguns casos, na implementação de políticas de outros setores governamentais (meio ambiente e saneamento); (v) ordenamento dos recursos humanos; (vi) gestão orçamentária e financeira de recursos; (vii) regulação das atividades dos serviços privados de saúde; (viii) desenvolvimento científico e tecnológico, entre outras.

De acordo com Maria Angélica Borges dos Santos, essa repartição de competência administrativa revela uma tendência à especialização do SUS em tecnologias de cuidados de baixa complexidade, como as da atenção básica, e persiste o uso de redes de serviço privadas menos valorizadas no

---

[69] ROCHA, Julio César de Sá da. *Direito da saúde, direito sanitário na perspectiva dos interesses difusos e coletivos*. São Paulo: LTr, 1999. p. 39-42.

mercado e com menor grau de incorporação tecnológica, às quais vem paulatinamente se somando uma rede pública de hospitais de pequeno porte e baixo grau de complexidade.[70]

Sustenta ainda Maria Angélica, em uma análise conjuntural da saúde pública no Brasil, que o caráter universalista do SUS parece desacreditado nos grandes centros urbanos, onde a percepção de contraste entre a qualidade do sistema público e privado, reforçada pela mídia, é muito intensa, favorecendo o avanço dos planos privados. Portanto, já é evidente uma segmentação público-privada que relega o SUS a produto de consumo de circuitos inferiores.[71]

Finalizando o tópico articulado no presente artigo, além dos princípios mencionados alhures, cumpre destacar que o Sistema Único de Saúde brasileiro encontra-se sedimentado em uma base principiológica (princípios fundantes e organizativos), essência do Sistema e de cumprimento impositivo para os fins colimados, seja na Constituição Federal, seja na legislação infraconstitucional, regente da matéria.

O princípio da universalidade representa a saúde como um direito de cidadania de todas as pessoas, cabendo ao Estado assegurar esse direito, garantindo o acesso às ações e serviços a todas as pessoas, indistintamente e independentemente de sexo, raça, crença religiosa, convicção política, condição econômica, grau de escolaridade, ocupação ou quaisquer outras características sociais ou pessoais, incluindo os estrangeiros residentes no país.

O princípio da equidade revela o objetivo de reduzir as desigualdades existentes, notadamente as de caráter econômico-social, visto que estas inviabilizam o acesso a um

---

[70] SANTOS, Maria Angélica Borges dos. As segmentações da oferta de serviços de saúde no Brasil: arranjos institucionais, credores, pagadores e provedores. *Revista Ciência Saúde Coletiva*, Rio de Janeiro, v. 9, n. 3, jul./set. 2004. Disponível em: http://www.scielo.com.br. Acesso em: 06 set. 2009.

[71] *Id., ibid.*

tratamento de qualidade na proteção da saúde. Parte-se do entendimento de que todas as pessoas possuem direito aos serviços de saúde, mas que, por não serem iguais, têm necessidades distintas, devendo receber tratamento desigual, na medida de suas desigualdades.[72]

Outro princípio fundante do Sistema de Saúde brasileiro é o da integridade, princípio este que considera as pessoas como um todo, em sua plenitude, que devem ser atendidas na totalidade das suas necessidades. Para isso, necessário se faz que as ações sejam integradas, de maneira que estejam no mesmo compasso a promoção da saúde, a prevenção de doenças, o tratamento e a reabilitação.

Conforme mencionado anteriormente, o Sistema Único de Saúde brasileiro possui princípios organizativos, que possibilitam a funcionalidade da estrutura do Sistema, considerando a forma estatal brasileira, com repartição de competências entre os entes.

Nesse norte, os princípios da regionalização e hierarquização emergem na base do Sistema, orientando no sentido de que os serviços de saúde devem ser organizados em níveis crescentes de complexidade, circunscritos a uma determinada área geográfica, planejados a partir de critérios epidemiológicos e com definição e conhecimento da população a ser atendida.

A regionalização representa um processo de articulação entre os serviços que já existem, visando ao comando unificado dos mesmos. Já a hierarquização deve proceder à divisão de

---

[72] Sobre a igualdade, pertinente a observação do Professor Boaventura de Sousa Santos: "[...] temos o direito a ser iguais quando a nossa diferença nos inferioriza; e temos o direito a ser diferentes quando a nossa igualdade nos descaracteriza. Daí a necessidade de uma igualdade que reconheça as diferenças e de uma diferença que não produza, alimente ou reproduza as desigualdades" (SANTOS, Boaventura de Sousa. *Reconhecer para libertar*: os caminhos do cosmopolitanismo multicultural. Introdução: para ampliar o cânone do reconhecimento, da diferença e da igualdade. Rio de Janeiro: Civilização Brasileira, 2003. p. 56).

níveis de atenção e garantir formas de acesso a serviços que façam parte da complexidade requerida pelo caso, nos limites dos recursos disponíveis numa dada região.[73]

Ainda no tocante aos princípios organizativos, a descentralização e o comando único representam a distribuição das competências e atribuições dentro do Sistema. A descentralização refere-se à redistribuição do poder e responsabilidade entre os três níveis de governo, federal, estadual e municipal. Objetiva garantir a prestação de serviços com maior qualidade, o controle e a fiscalização por parte dos cidadãos.

Portanto, sustenta-se que, no Sistema Único de Saúde do Brasil, devem ser dotados os Municípios de condições de governança (gerenciais, técnicas, administrativas e financeiras), para que a responsabilidade pela saúde seja efetivamente descentralizada até o ente municipal, para que o Município exerça sua função gestora, afinal o cidadão mora, reside no Município.

Mas, para que tenha valia o princípio da descentralização, existe o chamado mando único, de extração constitucional, que estabelece autonomia a cada esfera de governo em suas decisões e atividades, respeitando os princípios gerais e a participação da sociedade.

Reitera-se que, no Brasil, a realidade que se infere dos indicadores estatísticos é a de que 70% dos Municípios brasileiros dependem em mais de 80% de verbas que vêm de fontes externas à sua arrecadação. A principal fonte é o Fundo de Participação dos Municípios (FPM), composto por recursos que o Governo Federal repassa aos Municípios de acordo com a proporção do número de habitantes, conforme estabelecido no Decreto-Lei nº 1.881, de 27 de agosto de 1981.[74]

---

[73] Esse é o entendimento do Ministério da Saúde, ao estabelecer, nas publicações oficiais, postadas em seus sítios, a conceituação desses princípios. Ver em: www.saude.gov.br/gestao-do-sus. Acesso em: 09 set. 2019.

[74] O Instituto Brasileiro de Geografia e Estatística (IBGE) formula permanentemente pesquisa sobre o perfil dos municípios brasileiros (finanças públicas). Esse percen-

Fechando o ciclo principiológico, o princípio da participação popular no Sistema Único de Saúde representa a implementação do disposto no inciso III, do artigo 198, da Constituição Federal, que estabelece que as ações e serviços públicos de saúde integram uma rede regionalizada e hierarquizada, tendo como uma de suas diretrizes a participação da comunidade.[75]

Em decorrência desse princípio, foram criadas as Conferências de Saúde (nacional, estaduais e municipais), que reúnem diversos seguimentos sociais, que são usuários do Sistema Único de Saúde, além de profissionais de saúde, prestadores de serviços, representantes do governo e parlamentares, para avaliar o cenário da saúde no país, bem como formular diretrizes para as políticas públicas na área da saúde.

No caso das Conferências de Saúde (municipais, estaduais e nacional), as mesmas são convocadas pelo Poder Executivo, ou extraordinariamente pelos Conselhos de Saúde, devendo ser realizadas a cada quatro anos com a representação dos segmentos sociais referidos, para avaliação da situação de saúde e proposição de diretrizes para a formulação da política de saúde nas esferas de governo correspondentes.

Antecedendo a realização da Conferência Nacional de Saúde, há Conferências municipais e Conferências estaduais, nas quais são escolhidos os delegados de cada Estado para a etapa nacional, eleitos a partir de regras estabelecidas em regimento discutido nos respectivos Conselhos de Saúde.

Nesse sentido, a Lei nº 8.142, de 28 de dezembro de 1990, estabelece, em seu artigo 1º, que o Sistema Único de Saúde (SUS) contará, em cada esfera de governo, sem prejuízo das funções do Poder Legislativo, com as seguintes instâncias

---

tual elevado de dependência de verbas transferidas se refere a municípios pequenos, com até cinco mil habitantes. Ver em: www.ibge.gov.br. Acesso em: 09 set. 2019.

[75] BRASIL. Constituição Federal, artigo 198, inciso III.

colegiadas: I - a Conferência de Saúde; e II - o Conselho de Saúde.[76] Estabelece ainda, em seu §1º, que a Conferência de Saúde reunir-se-á a cada quatro anos com a representação dos vários segmentos sociais, para avaliar a situação de saúde e propor as diretrizes para a formulação da política de saúde nos níveis correspondentes, convocada pelo Poder Executivo ou, extraordinariamente, por esta ou pelo Conselho de Saúde.[77]

Portanto, nas aludidas instâncias, participam representantes dos usuários dos serviços de saúde, dos prestadores de serviços, dos profissionais de saúde e do governo. O que representa relevância na composição dessas instâncias é que a lei assegura aos usuários representação paritária em relação ao conjunto dos demais segmentos.

Na sequência da participação da sociedade, em 17 de junho de 2009, o Conselho Nacional de Saúde, durante a sua 198ª Reunião Ordinária, aprovou a Carta dos Direitos dos Usuários da Saúde, importante instrumento para o conhecimento e utilização do Sistema Único de Saúde.

A Carta dos Direitos dos Usuários da Saúde reúne seis princípios básicos de cidadania, para acesso à proteção da saúde, seja no Sistema Público ou na saúde suplementar (privado), assim dispondo: 1. Todo cidadão tem direito ao acesso ordenado e organizado aos sistemas de saúde; 2. Todo cidadão tem direito a tratamento adequado e efetivo para seu problema; 3. Todo cidadão tem direito ao atendimento humanizado, acolhedor e livre de qualquer discriminação; 4. Todo cidadão tem direito a atendimento que respeite a sua pessoa, seus valores e seus direitos; 5. Todo cidadão também tem responsabilidades para que seu tratamento aconteça da

---

[76] BRASIL. Lei nº 8.142, de 28 de dezembro de 1990. Dispõe sobre a participação da comunidade na gestão do Sistema Único de Saúde (SUS) e sobre as transferências intergovernamentais de recursos financeiros na área da saúde e dá outras providências.

[77] Idem.

forma adequada; 6. Todo cidadão tem direito ao comprometimento dos gestores da saúde para que os princípios anteriores sejam cumpridos.[78]

O Governo Federal, absorvendo o conteúdo da Carta dos Usuários, por meio do Ministério da Saúde, editou a Portaria nº 1.820/2009, que dispõe sobre os direitos e deveres dos usuários da saúde, estabelecendo em síntese que: 1. Toda pessoa tem direito ao acesso a bens e serviços ordenados e organizados para garantia da promoção, prevenção, proteção, tratamento e recuperação da saúde; 2. Toda pessoa tem direito ao tratamento adequado e no tempo certo para resolver o seu problema de saúde, com atendimento adequado, com qualidade, no tempo certo e com garantia de continuidade do tratamento; 3. Toda pessoa tem direito ao atendimento humanizado e acolhedor, realizado por profissionais qualificados, em ambiente limpo, confortável e acessível a todos, livre de qualquer discriminação, restrição ou negação em virtude de idade, raça, cor, etnia, religião, orientação sexual, identidade de gênero, condições econômicas ou sociais, estado de saúde, de anomalia, patologia ou deficiência; 4. Toda pessoa deve ter seus valores, cultura e direitos respeitados na relação com os serviços de saúde.[79]

Não é despiciendo destacar que, mesmo na área da saúde que se encontra abrangida pela regulação no Brasil, como é o caso da vigilância sanitária (incluindo medicamentos), administrada pela Agência Nacional de Vigilância Sanitária (ANVISA), existem normatizados instrumentos de participação (consulta e audiências públicas, agenda regulatória, Câmaras Setoriais), transparência e *accountability*, o que possibilita a inserção social em processos de competência da

---

[78] Disponível em: http://bvsms.saude.gov.br. Acesso em: 12 set. 2019.
[79] BRASIL. Ministério da Saúde. Portaria nº 1.820, de 13 de agosto de 2009. *DOU* 155, 14 ago. 2009.

agência e contribuem para a redução do déficit democrático inerente às agências.

O que tem sido questionado nesse particular, do ponto de vista da forma de gestão reguladora, é a crítica fundamental ao modelo de agências burocráticas independentes, que se baseia nos efeitos perversos do insulamento burocrático e seu déficit democrático. A autonomia e a independência dos entes reguladores representam uma ameaça ao interesse público na medida em que agentes não eleitos tomam decisões relevantes para a sociedade.

Com efeito, o desenho institucional, nas democracias contemporâneas, que atribui a responsabilização a um sistema de *checks and balances* entre os poderes, revela-se pouco capaz de gerar resultados satisfatórios e alta legitimidade.[80]

Alguns aspectos importantes, relacionados à proteção da saúde no Brasil, em razão do recorte metodológico estabelecido na presente pesquisa, tais como o financiamento e custeio, não foram desenvolvidos, cumprindo, na oportunidade, na perspectiva de informação acadêmica, aduzir que existe no Sistema de Saúde brasileiro um evidente desequilíbrio na participação de sua mantença, percebendo-se uma regressividade proporcional do gasto federal em saúde, reforçada pela Emenda Constitucional nº 86, de 17 de março de 2015, haja vista que a União vem sistematicamente se retraindo no seu papel de diminuir as desigualdades federativas por

---

[80] MELO, Marcos André. A política da ação regulatória: responsabilização, credibilidade e delegação. *Revista Brasileira de Ciências Sociais*, São Paulo, v. 16, n. 46, p. 55, jun. 2001.
Nessa direção, "ao se sustentar que existe um 'déficit democrático', é natural que se apontem caminhos para o seu suprimento, diante da insuficiência de densidade democrática, seja no tocante ao poder normativo dos entes reguladores (produção de normas), seja na ausência de legitimidade dos dirigentes, bem como, ainda, pela desorientação das gestões em relação à política geral, implementada pelo governo central, em atendimento aos fundamentos e objetivos constitucionais". SILVA, Ricardo Augusto Dias da. *Regulação de medicamentos*: um olhar a partir da experiência brasileira e estadunidense. Belo Horizonte: Fórum, 2019.

não promover o rateio de seus recursos em compatibilidade com as necessidades da população,[81] nos termos impositivos do disposto no art. 17 da Lei Complementar nº 141, de 16 de janeiro de 2012.[82]

De toda a sorte, mesmo diante da densa normatização incidente sobre o Sistema Único de Saúde do Brasil, sua capilaridade e especificidade, das competências e reponsabilidades dos entes federativos, percebe-se que o direito à saúde, embora prevista sua garantia de forma integral e universal na Constituição Federal de 1988, não é o mesmo garantido plenamente a todos os cidadãos brasileiros que dele necessitam, pois não se consegue ofertar os cuidados integrais e universais de saúde na forma estabelecida.[83]

---

[81] PINTO, Élida Graziane; BAHIA, Alexandre Melo Franco de Moraes; SANTOS, Lenir. O financiamento da saúde na Constituição de 1988: um estudo em busca da efetividade do direito fundamental por meio da equalização federativa do dever do seu custeio mínimo. *A&C – Revista de Direito Administrativo & Constitucional*, Belo Horizonte, ano 16, n. 66, p. 209-237, out./dez. 2016. Ver também o Estudo da Confederação Nacional dos Municípios – CNM, que aponta para o desequilíbrio do rateio dos recursos da União para os Municípios. Disponível em: http://www.cnm.org.br/portal/dmdocuments/Recursos. Acesso em: 12 set. 2019.

[82] BRASIL. Lei Complementar nº 141, de 16 de janeiro de 2012. Art. 5º A União aplicará, anualmente, em ações e serviços públicos de saúde, o montante correspondente ao valor empenhado no exercício financeiro anterior, apurado nos termos desta Lei Complementar, acrescido de, no mínimo, o percentual correspondente à variação nominal do Produto Interno Bruto (PIB) ocorrida no ano anterior ao da lei orçamentária anual. Art. 6º Os Estados e o Distrito Federal aplicarão, anualmente, em ações e serviços públicos de saúde, no mínimo, 12% (doze por cento) da arrecadação dos impostos a que se refere o art. 155 e dos recursos de que tratam o art. 157, a alínea "a" do inciso I e o inciso II do *caput* do art. 159, todos da Constituição Federal, deduzidas as parcelas que forem transferidas aos respectivos Municípios. Art. 7º Os Municípios e o Distrito Federal aplicarão anualmente em ações e serviços públicos de saúde, no mínimo, 15% (quinze por cento) da arrecadação dos impostos a que se refere o art. 156 e dos recursos de que tratam o art. 158 e a alínea "b" do inciso I do *caput* e o §3º do art. 159, todos da Constituição Federal.

[83] Conselho Federal de Medicina (CFM) apresentou à Comissão de Direitos Humanos e Minorias (CDHM), da Câmara dos Deputados, em 31 de janeiro de 2018, a denúncia sobre as filas de cirurgias eletivas represadas no Sistema Único de Saúde (SUS). No levantamento do CFM, mais de 904 mil procedimentos de cirurgia encontram-se em fila de espera no Brasil, resultado da soma das informações repassadas por secretarias de saúde de 16 estados e 10 capitais. Disponível em: https://portal.cfm.org.br. Acesso em: 16 set. 2019.

De outra banda, há que se considerar, mesmo com as adversidades atuais, que "a saúde no Brasil sem o SUS é a barbárie", no dizer de Gonzalo Vecina Neto, da Faculdade de Saúde Pública da USP, um dos sanitaristas brasileiros mais respeitados na atualidade, ao proceder a recente manifestação sobre o atual quadro de saúde no Brasil.[84]

Corroborando com os feitos do SUS, encontra-se o fato de que o Brasil é o único país com mais de 100 milhões de habitantes que oferece assistência médica gratuita à população. Um país continental, com 210 milhões de habitantes, baixo nível educacional, pobreza, miséria e desigualdades regionais e sociais de grandes dimensões, que ainda não se encontra livre das epidemias de doenças infecciosas e parasitárias, e ainda assim oferece gratuitamente o maior programa de vacinações e de transplantes de órgãos do mundo, tendo criado um programa de distribuição de medicamentos contra a AIDS que revolucionou o tratamento da doença nos cinco continentes.[85]

Cumpre destacar que o Brasil, no aspecto da oferta gratuita de serviços e bens de saúde, de acordo com recente classificação, não está no primeiro grupo, formado por 23 países com cobertura de saúde gratuita superior a 80% da população, mas no segundo grupo, que reúne 48 países com cobertura de 70% a 79%.[86]

Por toda a fundamentação apresentada, chega-se à conclusão de que faltam recursos financeiros e humanos para o SUS, bem como gestões competentes nas três esferas de Poder, de maneira a destinar uma competente e responsável governança, para que tais recursos não caiam no desperdício,

---

[84] Disponível em: https://fundacaofhc.org.br/iniciativas/debates/o-sus-no-seculo-21-desafios-e-mudancas-necessarias. Acesso em: 16 set. 2019.
[85] VARELLA, Drauzio. *Folha de S. Paulo*, 18 ago. 2019.
[86] MEDICI. André Cezar. O SUS no século 21: desafios e mudanças necessárias. Disponível em: https://fundacaofhc.org.br/iniciativas/debates/o-sus-no-seculo-21-desafios-e-mudancas-necessarias. Acesso em: 16 set. 2019.

nem na prática de corrupção que ainda campeia no Brasil. É por isso que, para a maioria dos brasileiros, infelizmente, a imagem do SUS é a do pronto-socorro com macas no corredor, gente sentada no chão e fila de doentes na porta.[87]

Com efeito, é imperioso no Brasil se perseguir a garantia da efetividade do direito à saúde mediante, fundamentalmente, maior controle social das políticas públicas, buscando-se maior dotação de recursos, bem como o aumento da cobertura, com o aumento do nível de qualidade da prestação dos serviços.

Isso porque, não raro, presencia-se a execução de políticas públicas em absoluta desconformidade com as prioridades estabelecidas na Constituição Federal, no que se refere à garantia dos direitos fundamentais, e em flagrante desvio de finalidade.[88]

Enfrentado o Sistema Único de Saúde brasileiro, sua estrutura e hierarquia, as competências dos entes da República Federativa do Brasil, a principiologia que o rege, inserindo nesse cenário o direito à proteção da saúde na condição de direito fundamental, importa, na sequência desta obra, adentrar-se nos meandros do Sistema de Saúde português, no desenho institucional que Portugal formatou a partir da Constituição da República Portuguesa de 1976, notadamente no Serviço Nacional de Saúde, procurando tratar, de maneira análoga, dos aspectos que se abordou sobre o Sistema Único de Saúde do Brasil.

---

[87] VARELLA, Drauzio. Folha de S. Paulo, 18 ago. 2019.
[88] Neste sentido assevera Andreas Krell: "Até hoje, existem muitos Municípios onde se gasta – legalmente – mais dinheiro em divertimentos populares (contratação de trios elétricos) ou na manutenção da Câmara do que com toda a área de saúde" (KRELL, Andreas Joachim. *Direitos sociais e controle judicial no Brasil e na Alemanha*: os (des)caminhos de um direito constitucional comparado. Porto Alegre: Sergio Antonio Fabris, 2002. p. 38).

4

O DIREITO FUNDAMENTAL À PROTEÇÃO DA SAÚDE EM PORTUGAL. ASPECTOS CONSTITUCIONAIS E DOUTRINÁRIOS

A Constituição da República Portuguesa (CRP), aprovada pela Assembleia Constituinte em 02 de abril de 1976, estabeleceu, em seu artigo 64º, o direito à proteção da saúde no rol dos direitos e deveres sociais, previsto no Título III, Direitos e deveres econômicos, sociais e culturais, Capítulo II, Direitos e deveres sociais da CRP, com o seguinte teor introdutório: "1. Todos têm direito à proteção da saúde e o dever de a defender e promover".[89]

Percebe-se, nesse sentido, a proteção da saúde com a perspectiva de um dever, mas fundamentalmente como um direito de todos. Em sequência, é apresentada, no artigo 64º, a forma de realização do direito à proteção da saúde, assim disposto: "2. O direito à proteção da saúde é realizado: a) através de um serviço nacional de saúde universal e geral e, tendo em conta as condições econômicas e sociais dos cidadãos, tendencialmente gratuito; b) pela criação de condições económicas, sociais, culturais e ambientais que garantam, designadamente, a proteção da infância, da juventude e da

---

[89] PORTUGAL. Constituição da República Portuguesa de 1976, artigo 64º, 1. VII Revisão Constitucional (2005).

velhice, e pela melhoria sistemática das condições de vida e de trabalho, bem como pela promoção da cultura física e desportiva, escolar e popular, e ainda pelo desenvolvimento da educação sanitária do povo e de práticas de vida saudável".[90]

Ainda na Carta Política Portuguesa, sobre o que deve ser feito no plano estatal para assegurar o direito à proteção da saúde, estabelece o artigo 64º que: "3. Para assegurar o direito à proteção da saúde, incumbe prioritariamente ao Estado: a) garantir o acesso de todos os cidadãos, independentemente da sua condição económica, aos cuidados da medicina preventiva, curativa e de reabilitação; b) garantir uma racional e eficiente cobertura de todo o país em recursos humanos e unidades de saúde; c) orientar a sua ação para a socialização dos custos dos cuidados médicos e medicamentosos; d) disciplinar e fiscalizar as formas empresariais e privadas da medicina, articulando-as com o serviço nacional de saúde, por forma a assegurar, nas instituições de saúde públicas e privadas, adequados padrões de eficiência e de qualidade; e) disciplinar e controlar a produção, a distribuição, a comercialização e o uso dos produtos químicos, biológicos e farmacêuticos e outros meios de tratamento e diagnóstico; f) estabelecer políticas de prevenção e tratamento da toxicodependência".

Importante destacar que a redação original do artigo 64º, que confere o direito à saúde, dada pelo Decreto de 10.04.1976, sofreu três alterações: a primeira em 1982, a segunda em 1989 e a terceira em 1997.

A primeira revisão constitucional, realizada no ano de 1982, contemplou a segunda versão do art. 64º. Relativamente à redação inicial, a Lei nº 1/82, de 30 de setembro, no seu art. 54º, aditou o nº 4, com a seguinte redação: "O Serviço Nacional de Saúde tem gestão descentralizada e participada".

---

[90] PORTUGAL. Constituição da República Portuguesa de 1976, artigo 64º, 2, "a" e "b". VII Revisão Constitucional (2005).

Essa alteração retrata a criação das Administrações Regionais de Saúde, em cinco regiões do país (Norte, Centro, Lisboa e Vale do Tejo, Alentejo e Algarve), que têm a responsabilidade de realizar planejamento, alocar fundos, gerir recursos humanos, fornecer apoio administrativo e técnico às unidades de saúde, implementar objetivos da política de saúde e monitorizar o desempenho dos prestadores públicos.[91]

Infere-se, da segunda revisão constitucional e segunda revisão do art. 64º, a realização de alterações mais profundas relativamente à redação inicial. A Lei Constitucional nº 1/89, de 08 de julho, afastou o princípio da gratuidade (nº 2 do art. 64º) e da finalidade a atingir (alínea "c") do nº 3 do art. 64º. Assim, os nºs 2 e 3 do art. 64º passaram a ter as seguintes redações (art. 36º da Lei nº 1/89, de 08 de julho): "2. O direito à proteção da saúde é realizado: a) através de um serviço nacional de saúde universal e geral e, tendo em conta as condições econômicas e sociais dos cidadãos, tendencialmente gratuito; b) pela criação de condições econômicas, sociais e culturais que garantam a proteção da infância, da juventude e da velhice e pela melhoria sistemática das condições de vida e de trabalho, bem como pela promoção da cultura física e esportiva, escolar e popular e ainda pelo desenvolvimento da educação sanitária do povo. 3. Para assegurar o direito à proteção da saúde, incumbe prioritariamente ao Estado: a) [...]; b) [...]; c) orientar a sua ação para a socialização dos custos dos cuidados médicos e medicamentosos".[92]

Com a quarta revisão constitucional, no ano de 1997, ocorreu a última alteração do art. 64º. A partir da publicação da Lei nº 1/97, de 20 de setembro, foram feitas alterações

---

[91] NUNES, Alexandre Morais. Direito à saúde em Portugal: delimitação jurídica do Serviço Nacional de Saúde. *Direitos Fundamentais & Justiça*, Belo Horizonte, ano 11, n. 37, p. 17-34, jul./dez. 2017.

[92] *Idem.*

nos nºs 2 e 3: 1. Na alínea "b" do nº 2 do art. 64º da CRP, são aditadas a expressão "e ambientais" entre "culturais" e "que garantam", a expressão "designadamente" entre "garantam" e "a proteção" e, *in fine*, a expressão "e de práticas de vida saudável"; 2. Na alínea "b" do nº 3, é eliminada a expressão "médica e hospitalar" e aditada, *in fine*, a expressão "em recursos humanos e unidades de saúde". 3. Na alínea "d" do nº 3, a expressão "controlar" é substituída por "fiscalizar", sendo aditada, *in fine*, a expressão "por forma a assegurar, nas instituições de saúde públicas e privadas, adequados padrões de eficiência e de qualidade". 4. Na alínea "e" do nº 3, é aditada a expressão "a distribuição" entre "a produção" e "a comercialização". 5. No nº 3 é aditada uma nova alínea "f", com a seguinte redação: "Estabelecer políticas de prevenção e tratamento da toxicodependência".[93]

Destarte, a redação procedida pela quarta revisão constitucional é, portanto, a atual redação plasmada do artigo 64º, extração da Constituição da República Portuguesa, ponto de partida da análise do Sistema de Saúde de Portugal, do prisma de sua conceituação classificatória.

Com efeito, de forma a introduzir o contexto português, a abordagem inicia pela caracterização do direito à proteção da saúde como direito fundamental, além da característica de dever, na perspectiva do pensamento da doutrina representativa portuguesa, com lastro interpretativo constitucional.

Adere-se, pois, inicialmente ao entendimento doutrinário português que considera o direito à proteção da saúde enquanto direito fundamental, um direito de todos, portanto, de caráter universal, com a imposição de um dever de promoção e proteção, como estabelecido *in fine* no item de abertura do artigo 64º.

---

[93] *Bis in idem.*

Nesse norte, o direito à proteção da saúde encontra-se revestido de garantia constitucional, a denominada garantia forte, que são aquelas "efectivas, próprias de direitos a que se cola um atributo de fundamentalidade e que, por isso mesmo, como se diz na Constituição, vinculam directamente o Estado e as entidades públicas e de que, consequentemente, por definição, os titulares do Poder democrático não dispõem".[94]

Portanto, a caracterização do direito à proteção da saúde na Constituição Portuguesa enquanto direito fundamental representa uma expressa evidência de que o disposto no Texto constitucional português "não é apenas, para os cidadãos, uma barreira de defesa perante as intromissões do Estado; é também, em primeiro lugar, um catálogo de direitos à acção ou a prestações do Estado".[95]

Logo, é possível concatenar o entendimento de que, ao considerar a proteção da saúde como um direito fundamental, o artigo 64º da Constituição da República Portuguesa constituiu de maneira imperativa um compromisso jurídico fundamental do Estado português com a população, de acessibilidade a todos, conforme sustenta Cláudia Monge.[96]

De acordo com Jorge Miranda, também é perceptível inferir-se, do comando do artigo 64º da CRP, que o direito à proteção da saúde pode ser visto na perspectiva de uma manifestação de como os direitos sociais emergem enquanto instrumentais em relação aos direitos, liberdades e garantias.[97]

---

[94] NOVAIS, Jorge Reis Novais. *Direitos sociais, teoria jurídica dos direitos sociais enquanto direitos fundamentais*. 2. ed. Lisboa: AAFDL, 2017. p. 10.
[95] Cf. CANOTILHO, J. J. Gomes; MOREIRA, Vital. *Constituição da República Portuguesa anotada*. v. I. 4. ed. rev. Coimbra: Coimbra Editora, 2007. p. 56.
[96] MONGE, Cláudia. O direito fundamental à proteção da saúde. *Revista Eletrônica de Direito Público*, v. 5, n. 2, abr. 2019. Disponível em: www.e-publica.pt. Acesso em: 19 set. 2019.
[97] Cf. MIRANDA, Jorge. A abertura constitucional a novos direitos fundamentais. *In*: *Estudos em Homenagem ao Professor Doutor Manuel Gomes da Silva*. Coimbra: Coimbra Editora, 2001. p. 563.

Na temática da fundamentalidade, Jorge Bacelar Gouveia esclarece que, no sistema constitucional dos direitos fundamentais, a despeito do seu idêntico caráter constitucional, os direitos fundamentais não têm sempre a mesma intensidade normativa e é possível vislumbrar diferentes alcances no modo como os respectivos conteúdo e objeto condicionam os destinatários e que tudo estaria resolvido, sem qualquer necessidade de intervenção doutrinária e jurisprudencial, se a arrumação sistemática que consta da Constituição da República de Portugal fosse totalmente aceitável, ao estabelecer a dicotomia, no plano constitucional, da existência conjunta dos direitos, liberdades e garantias e dos direitos econômicos, sociais e culturais.[98]

Acrescenta ainda Bacelar Gouveia que o que a Constituição da República portuguesa faz quanto à tipologia de direitos fundamentais, apresentando nos preceitos compreendidos no Título II, é somente fornecer ao intérprete um critério qualitativo, segundo o qual considera que tudo o que se encontra nesse conjunto de artigos corresponde a tipos de direitos fundamentais pertencentes à espécie direitos, liberdades e garantias. "Mas nunca se poderia cair no formalismo de pensar que a Constituição da República de Portugal, ao referir-se a direitos, liberdades e garantias, estaria certeiramente a agrupar todos os tipos de direitos fundamentais regulados nos preceitos constitucionais que nessa parcela do articulado constitucional se compreendem". Defende que esse é um tópico que a doutrina debate intensamente, estando, assim, longe da unanimidade quanto a uma conclusão final, esclarecendo que o critério majoritariamente seguido pela doutrina é a determinação, determinabilidade ou determinidade constitucional do objeto e conteúdo dos direitos, liberdades e garantias.[99]

---

[98] GOUVEIA, Jorge Bacelar. *Manual de direito constitucional*. v. II. 5. ed. Coimbra: Almedina, 2013. p. 950.
[99] *Idem*, p. 952-953.

Nesse contexto, Gomes Canotilho assevera que, na Constituição Portuguesa, há um regime geral dos direitos fundamentais e um regime específico dos direitos, liberdades e garantias. "O regime geral dos direitos fundamentais será um regime aplicável a todos os direitos fundamentais, quer sejam consagrados como direitos, liberdades e garantias ou como direitos económicos, sociais e culturais, quer se encontrem no catálogo dos direitos fundamentais ou fora desse catálogo, dispersos pela Constituição. O regime específico dos direitos, liberdades e garantias será uma disciplina jurídica da natureza particular, consagrada nas normas constitucionais, e aplicável, em via de princípio, aos direitos, liberdades e garantias e aos direitos de natureza análoga".[100]

Em sequência, Gomes Canotilho defende que são direitos fundamentais formalmente constitucionais os direitos consagrados e reconhecidos pela Constituição, que são enunciados e protegidos por normas com valor constitucional formal. Para ele, os direitos fundamentais formalmente constitucionais são constituídos por aqueles direitos fundamentais que estão previstos dentro do catálogo e pelos direitos fundamentais fora do catálogo, ou seja, direitos fundamentais dispersos na Constituição.[101]

Com efeito, a fundamentalidade do direito à proteção da saúde, reconhecida da Constituição portuguesa, representa, ao mesmo tempo, um direito subjetivo e pessoal, bem como um direito social, sendo "todos" destinatários de prestações positivas do Estado.

A Constituição portuguesa consagra, portanto, um direito à proteção da saúde como direito social, e consagra um direito fundamental de dimensão ativa como incumbência

---

[100] CANOTILHO, José Joaquim Gomes. *Direito constitucional e teoria da constituição*. 7. ed. Coimbra: Almedina, 2010. p. 415.
[101] *Idem*, p. 403.

pública na execução de uma tarefa fundamental. Esse direito social é um direito subjetivo a prestações, porquanto aquele sobre o qual incide o dever de prestar – o ente público – tem como correlativo um direito subjetivo a prestações, ao qual se adita o qualificativo de públicas – o sujeito ativo tem um direito subjetivo a prestações públicas.[102]

Note-se que a expressão "todos", constante do artigo 64º da CRP, trata dos detentores do direito à proteção da saúde, na dimensão subjetiva, sendo razoável inferir-se que engloba os cidadãos, independentemente da sua condição econômica, sexo, cor, crença religiosa, grau de escolaridade ou qualquer outro critério diferenciador.

Registre-se, por oportuno, sobre a efetividade do direito fundamental à proteção da saúde, na doutrina constitucional, a utilização da expressão *"reserva do possível"* (em contraposição à corrente do *mínimo existencial*) significa que os direitos sociais sempre se colocam na dependência de existir recursos materiais, bem como normatização para a concretização desses direitos, dos quais o direito à proteção da saúde apresenta-se na dimensão positiva.[103]

Na perspectiva do debate entre as correntes do *mínimo existencial* e da *reserva do possível*, dentro do direito fundamental à proteção da saúde, ressalte-se, já tratado em tópico anterior, importante posicionamento da doutrina portuguesa, representada por Gomes Canotilho, que alerta para o fato de que rapidamente se aderiu à construção dogmática da reserva do possível, para traduzir a ideia de que os direitos sociais só existem quando e enquanto existir dinheiro nos cofres

---

[102] MONGE, Cláudia. O direito fundamental à proteção da saúde. *Revista Eletrônica de Direito Público*, v. 5, n. 2, abr. 2019. Disponível em: www.e-publica.pt. Acesso em: 19 set. 2019.

[103] Cf. ANDRADE, José Carlos Vieira de. *Os direitos fundamentais na Constituição Portuguesa de 1976*. 2. ed. Coimbra, 2001. p. 190-194.

públicos. Um direito social sob "reserva dos cofres cheios" equivale, na prática, a nenhuma vinculação jurídica.[104]

Destarte, é predominante o entendimento doutrinário português de que o direito à proteção da saúde estabelecido na CRP de 1976 é um direito fundamental, com as dimensões de liberdade (subjetiva) e prestacional (objetiva), de imposição constitucional para garantir a saúde de todos.

Calha ainda acrescentar, por oportuno, inserida no aspecto da fundamentalidade discorrido em relação ao direito à proteção da saúde, e a título de complementaridade, o que a doutrina denomina de horizontalização da dignidade da pessoa humana, à medida que vincula cada pessoa perante os demais, e uma incidência pessoal, obrigando cada um perante si próprio, o que fomenta a busca do aprimoramento do conceito de direito fundamental.

Nesse particular, Paulo Otero sustenta que há o estabelecimento de uma regra de indisponibilidade, com uma consequente ampliação do campo de operatividade vinculativa do princípio da dignidade da pessoa humana, propondo a autonomia da disciplina jurídica "Direito da Vida", na perspectiva de dimensão constitucional, que envolve conflitos e ponderações entre diferentes direitos, bens ou valores tutelados e garantidos por disposições e princípios da Constituição formal e por textos internacionais dotados de valor jurídico-constitucional.[105]

Percebe-se, pois, que essa particularidade suscitada advém da constatação de um incontroverso progresso tecnológico e científico nos domínios da biologia e da medicina humana, permitindo suscitar o debate sobre novéis direitos

---

[104] CANOTILHO, José Joaquim Gomes. *Direito constitucional e teoria da constituição.* 7. ed. Coimbra: Almedina, 2010. p. 127.

[105] OTERO, Paulo. *Direito da vida.* Relatório sobre o programa, conteúdos e métodos de ensino. Coimbra: Almedina, 2004. p. 19.

fundamentais e até onde deve o Estado intervir na defesa e garantia dos direitos inerentes à vida humana.[106]

Na sequência, aborda-se de maneira minudente a estrutura do Sistema de Saúde de Portugal, com maior ênfase no Serviço Nacional de Saúde, sua estrutura e hierarquia, sua funcionalidade e competências, bem como os princípios que o regem.

---

[106] *Idem*, p. 20.

A ESTRUTURA DO SISTEMA NACIONAL DE SAÚDE DE PORTUGAL: HIERARQUIA, COMPETÊNCIAS E PRINCIPIOLOGIA

Em Portugal, o Sistema de Saúde português é integrado pelo Serviço Nacional de Saúde (SNS), principal instrumento do setor público (também integrado por vários subsistemas), bem como pelo setor privado, com e sem fins lucrativos, no que a doutrina denomina de empresarialização do setor da saúde, e ainda por uma entidade reguladora (ERS), compondo um cenário de grande complexidade, que será tratado a seguir.

Percebe-se, *ab initio*, que o Serviço Nacional de Saúde apresenta-se como o mais estruturado dentro do Sistema de Saúde. Nessa direção, o primeiro aspecto a ser considerado em relação ao Serviço Nacional de Saúde (SNS) é a sua índole constitucional, porquanto se extrai do disposto no artigo 64º, 2, alínea "a", que o direito à proteção da saúde é realizado por meio de um serviço nacional de saúde universal e geral e, tendo em conta as condições econômicas e sociais dos cidadãos, tendencialmente gratuito.[107]

Jorge Reis Novais sustenta, nesse particular, que "a existência de um Serviço Nacional de Saúde, com um determinado conjunto de características previamente fixadas

---
[107] PORTUGAL. Constituição da República de Portugal, artigo 64º, 2, "a".

(universalidade, generalidade e tendencial gratuidade), não é algo que esteja à mercê da livre decisão política do Governo democrático, mas antes algo que reveste a natureza de uma imposição constitucional e que, portanto, independentemente de qual seja a opinião política das maiorias conjunturalmente no poder, tem a sua subsistência juridicamente protegida com o carácter reforçado que a Constituição lhe empresta".[108]

Representa, portanto, o disposto no artigo 64, nº 2, o conteúdo constitucionalmente determinado do Serviço Nacional de Saúde, e "perante este comando, o legislador não pode simplesmente nada fazer, devendo, sob pena de inconstitucionalidade por omissão, organizar um serviço de saúde de alcance nacional com caráter unitário, não se inferindo desse ditame constitucional que a garantia da proteção da saúde deva ser assegurada por intermédio de serviços de natureza pública".[109]

Nessa direção, Maria João Estorninho aduz que, "na verdade, o sistema de saúde é constituído pelo Serviço Nacional de Saúde e por todas as entidades públicas que desenvolvam atividades de promoção, prevenção e tratamento na área da saúde, bem como por todas as entidades privadas e por todos os profissionais livres que acordem com a primeira prestação de todas ou de algumas daquelas atividades, sendo o Serviço Nacional de Saúde integrado por todos os serviços e entidades públicas prestadoras de cuidados de saúde, nomeadamente, os agrupamentos de centros de saúde, os estabelecimentos hospitalares e as unidades de saúde".[110]

O Serviço Nacional de Saúde foi criado pela Lei nº 56/79, que, em seu artigo 1º, assim encontra-se disposto: "É criado, no

---

[108] Cf. NOVAIS, Jorge Reis. Constituição e Serviço Nacional de Saúde. *Direitos Fundamentais & Justiça*, n. 11, abr./jun. 2010.
[109] ESTORNINHO, Maria João; MACIEIRINHA, Tiago. *Direito da saúde*. Lisboa: Universidade Católica Editora, 2014. p. 47-48.
[110] *Idem*, p. 71.

âmbito do Ministério dos Assuntos Sociais, o Serviço Nacional de Saúde (SNS), pelo qual o Estado assegura o direito à proteção da saúde, nos termos da Constituição".[111]

Nesse mesmo diploma legal, foi estabelecida a estrutura inicial do Serviço Nacional de Saúde, constituído por uma rede de órgãos e serviços, dirigido pela Secretaria de Estado da Saúde, atuando de forma articulada e sob direção unificada, gestão descentralizada e democrática.

Na Lei nº 56/79, encontra-se previsto que compete à Administração Central de Saúde a incumbência da direção do Serviço Nacional de Saúde, estabelecendo a seguinte estrutura, como órgãos centrais do SNS: I - De natureza consultiva: o Conselho Nacional de Saúde; II - De natureza instrumental: a) o Departamento de Ensino e Investigação; b) o Departamento de Assuntos Farmacêuticos; c) o Departamento de Estudos e Planejamento; d) o Departamento de Gestão Financeira; e) a Inspeção dos Serviços de Saúde; III - De natureza executiva: a Administração Central de Saúde.[112]

Portanto, à Administração Central de Saúde, na versão original de criação, foi destinada a direção do SNS, a coordenação dos diferentes setores de atividade, a elaboração de normas de funcionamento de estabelecimentos e serviços e de celebração de convênios, a outorga em convênios de âmbito nacional e em geral, bem como a tomada de decisões que não fossem da competência específica do Ministro dos Assuntos Sociais, do Secretário de Estado da Saúde ou de quaisquer outros órgãos. A Administração Central de Saúde compreendia, à época, o Departamento de Cuidados Primários, o Departamento de Cuidados Diferenciados e o Departamento de Recursos Humanos.[113]

---

[111] PORTUGAL. Lei nº 56, de 15 de setembro de 1979. Cria o Serviço Nacional de Saúde.
[112] PORTUGAL. Lei nº 56/79, artigos 32 e 33.
[113] Idem. Artigo 24.

Necessário, a essa altura, fazer referência à questão estruturante inicial do Serviço Nacional de Saúde, para o qual foram previstos órgãos regionais e locais, cuja fixação de competência a lei criadora remeteu para a regionalização do país que viesse a ser aprovada, destacando que tais administrações integravam os estabelecimentos e serviços de saúde oficiais dependentes do Ministério dos Assuntos Sociais existentes nas respectivas áreas territoriais e coordenam-se com os estabelecimentos e serviços de âmbito suprarregional.[114]

Sobre essa regionalização, Maria João Estorninho informa que, em cada uma dessas regiões, existe uma administração regional de saúde, sustentando que, "na verdade, essas administrações regionais de saúde são Institutos Públicos, sujeitos ao poder de superintendência e tutela por parte do Ministério da Saúde (ao contrário daquilo que acontece tradicionalmente com os organismos da administração periférica do Estado, os quais, não sendo dotados de personalidade jurídica, ficam naturalmente sujeitos ao poder de direção, típico da relação hierárquica)".[115]

Estabeleceu ainda a lei precursora do SNS que o acesso ao Serviço Nacional de Saúde é gratuito e garantido a todos os cidadãos, independentemente da sua condição econômica e social e também aos estrangeiros, em regime de reciprocidade, aos apátridas e aos refugiados políticos que residam ou se encontrem em Portugal, sem prejuízo do estabelecimento de taxas moderadoras diversificadas tendentes a racionalizar a utilização das prestações, estabelecendo também que o SNS envolve todos os cuidados integrados de saúde, compreendendo a promoção e vigilância da saúde, a prevenção da doença, o diagnóstico e tratamento dos doentes e a reabilitação médica e social.[116]

---

[114] *Bis in idem.* Artigos 38 e 39.
[115] *Op. cit.*, p. 96.
[116] *Id., ibid.* Artigo 4º.

No ano de 1982, o Decreto-Lei nº 254/82[117] revogou grande parte da Lei nº 56/79, o que o Tribunal Constitucional, quase dois anos depois, por meio do Acórdão nº 39/84,[118] veio a declará-lo inconstitucional, por entender que o aludido Decreto resultava na extinção do Serviço Nacional de Saúde, intervindo, àquela altura, a Corte Constitucional portuguesa de maneira firme quanto à necessidade de se manter o comando constitucional pela existência do Serviço Nacional de saúde.

No âmbito da estrutura do Sistema de Saúde português, foi editada a Lei de Bases da Saúde, Lei nº 48/90,[119] de 24 de agosto, estabelecendo que: 1. O sistema de saúde é constituído pelo Serviço Nacional de Saúde e por todas as entidades públicas que desenvolvam atividades de promoção, prevenção e tratamento na área da saúde, bem como por todas as entidades privadas e por todos os profissionais livres que acordem com a primeira prestação de todas ou de algumas daquelas atividades. 2. O Serviço Nacional de Saúde abrange todas as instituições e serviços oficiais prestadores de cuidados de saúde dependentes do Ministério da Saúde e dispõe de estatuto próprio. 3. O Ministério da Saúde e as administrações regionais de saúde podem contratar com entidades privadas a prestação de cuidados de saúde aos beneficiários do Serviço Nacional de Saúde sempre que tal se afigure vantajoso, nomeadamente em face da consideração do binômio qualidade-custos, e desde que esteja garantido o direito de acesso. 4. A rede nacional de prestação de cuidados de saúde abrange os estabelecimentos do Serviço Nacional de Saúde e os estabelecimentos privados e os profissionais em regime liberal com quem sejam celebrados contratos nos termos do número anterior.[120] A organização do

---

[117] PORTUGAL. Decreto-Lei nº 254, de 29 de junho de 1982.
[118] Cf. TRIBUNAL CONSTITUCIONAL. Acórdão nº 39/84, de 05 de maio. Lisboa, 1984.
[119] PORTUGAL. Lei nº 48, de 24 de agosto de 1990. Lei de Bases da Saúde.
[120] Base XII, da Lei nº 48, de 24 de agosto de 1990.

sistema de saúde baseia-se na divisão do território nacional em regiões de saúde.[121]

Nesse passo normativo, a política de saúde foi definida como responsabilidade do Governo através do Ministério da Saúde, a quem compete propor a definição da política nacional de saúde, promover e vigiar a respectiva execução e coordenar a sua ação com a dos ministérios que tutelam áreas conexas.[122]

A Lei nº 48/90 previu o Conselho Nacional de Saúde, órgão representativo dos interessados no funcionamento das entidades prestadoras de cuidados de saúde, de caráter consultivo do Governo, integrado por representantes dos utentes, dos subsistemas de saúde, dos seus trabalhadores, dos departamentos governamentais com áreas de atuação conexas e de outras entidades.[123]

Ainda quanto ao Serviço Nacional de Saúde, a Lei nº 48/90 estabeleceu sua tutela pelo Ministro da Saúde, sendo administrado em nível de cada região de saúde pelo Conselho de Administração da respectiva Administração Regional de Saúde. Cada sub-região possui um coordenador sub-regional de saúde e em cada Concelho uma Comissão Concelhia de Saúde.[124]

Nesse particular, as Administrações Regionais (ARS), como integrantes da capilaridade do Serviço Nacional de Saúde, no caso, vinculadas ao Ministério da Saúde, são de extrema importância, pois, atuando em suas áreas geográficas, devem garantir à população o acesso à prestação de cuidados de saúde, cumprindo a política nacional de saúde, as políticas globais e setoriais e os programas de saúde. São dirigidas por um conselho diretivo, constituído por um presidente, um

---

[121] Base XVIII, da Lei nº 48, de 24 de agosto de 1990.
[122] Base VI, da Lei nº 48, de 24 de agosto de 1990.
[123] Base VII, da Lei nº 48, de 24 de agosto de 1990.
[124] Base XXVI, da Lei nº 48, de 24 de agosto de 1990.

vice-presidente e dois vogais, nas ARS do Norte, do Centro e de Lisboa e Vale do Tejo, e um presidente e dois vogais nas ARS do Alentejo e do Algarve.[125]

Importante modificação normativa sobre a estruturação do Sistema e do Serviço Nacional de Saúde em Portugal ocorreu com a recente aprovação da Lei nº 95/2019,[126] novel Lei de Bases da Saúde, revogando expressamente a Lei nº 48/90 (antiga Lei de Bases da saúde) e o Decreto nº 185/2002,[127] diploma que definiu os princípios e os instrumentos para o estabelecimento de parcerias em saúde, em regime de gestão e financiamento privados, entre o Ministério da Saúde ou instituições e serviços integrados no Serviço Nacional de Saúde e outras entidades.

Nesse sentido, são operadas mudanças significativas, destacadamente as principais, que, de maneira cronológica estabelecidas no texto da Lei nº 95/2019, transcreve-se: 1. O Estado promove e garante o direito à proteção da saúde através do Serviço Nacional de Saúde (SNS), dos Serviços Regionais de Saúde e de outras instituições públicas, centrais, regionais e locais;[128] 2. A responsabilidade do Estado pela realização do direito à proteção da saúde efetiva-se primeiramente através do SNS e de outros serviços públicos, podendo, de forma supletiva e temporária, ser celebrados acordos com entidades privadas e do setor social, bem como com profissionais em regime de trabalho independente, em caso de necessidade fundamentada;[129] 3. Aos sistemas locais de saúde, constituídos pelos serviços e estabelecimentos do SNS e demais instituições públicas com intervenção direta ou

---

[125] Artigo 19º, do Decreto-Lei nº 124, de 29 de dezembro de 2011. Lei Orgânica do Ministério da Saúde.
[126] PORTUGAL. Lei nº 95, de 04 de setembro de 2019. Nova Lei de Bases da Saúde.
[127] PORTUGAL. Decreto nº 185, de 20 de agosto de 2002.
[128] Base 1, da Lei nº 95, de 04 de setembro de 2019.
[129] Base 6, da Lei nº 95, de 04 de setembro de 2019.

indireta na saúde, cabe assegurar, no âmbito da respetiva área geográfica, a promoção da saúde, a continuidade da prestação dos cuidados e a racionalização da utilização dos recursos.[130]

Inova a Lei nº 95/2019, ao reconhecer a importância da genômica no âmbito da saúde pública e a promoção pelo Estado da *literacia* para a saúde, permitindo às pessoas compreender, aceder e utilizar melhor a informação sobre saúde, de modo a decidirem de forma consciente e informada.[131]

Na sequência, a Lei nº 95/2019 estabeleceu, em relação ao Sistema de Saúde português, que: 4. O Conselho Nacional de Saúde é um órgão de participação independente, que desempenha funções consultivas do Governo na definição das políticas de saúde e representa os interessados no funcionamento do sistema de saúde;[132] 5. O funcionamento do sistema de saúde não pode pôr em causa o papel central do SNS enquanto garante o cumprimento do direito à saúde.[133]

Dessa forma, a atual Lei de Bases da Saúde estabelece o conceito do Serviço Nacional de Saúde como sendo o "conjunto organizado e articulado de estabelecimentos e serviços públicos prestadores de cuidados de saúde, dirigido pelo ministério responsável pela área da saúde, que efetiva a responsabilidade que cabe ao Estado na proteção da saúde, dispondo de estatuto próprio, de organização regionalizada e de uma gestão descentralizada e participada".[134]

Sobre os beneficiários do SNS, estabelece a Lei nº 95/2019 que são todos os cidadãos portugueses, os cidadãos com residência permanente ou em situação de estada ou residência temporárias em Portugal, que sejam nacionais de Estados-Membros da União Europeia ou equiparados,

---

[130] Base 9, da Lei nº 95, de 04 de setembro de 2019.
[131] Bases 11 e 12, da Lei nº 95, de 04 de setembro de 2019.
[132] Base 18, da Lei nº 95, de 04 de setembro de 2019.
[133] Base 19, da Lei nº 95, de 04 de setembro de 2019.
[134] Base 20, da Lei nº 95, de 04 de setembro de 2019.

nacionais de países terceiros ou apátridas, requerentes de proteção internacional e migrantes com ou sem a respetiva situação legalizada, nos termos do regime jurídico aplicável.[135]

Especificamente sobre a organização e funcionamento do Serviço Nacional de Saúde, a Lei nº 95/2019 prevê: 1. A lei regula a organização e o funcionamento do SNS e a natureza jurídica dos vários estabelecimentos e serviços prestadores que o integram, devendo o Estado assegurar os recursos necessários à efetivação do direito à proteção da saúde. 2. A organização e o funcionamento do SNS sustentam-se em diferentes níveis de cuidados e tipologias de unidades de saúde, que trabalham de forma articulada, integrada e intersetorial. 3. A organização interna dos estabelecimentos e serviços do SNS deve basear-se em modelos que privilegiam a autonomia de gestão, os níveis intermédios de responsabilidade e o trabalho de equipe. 4. O funcionamento dos estabelecimentos e serviços do SNS deve apoiar-se em instrumentos e técnicas de planejamento, gestão e avaliação que garantam que é retirado o maior proveito, socialmente útil, dos recursos públicos que lhe são alocados. 5. O funcionamento do SNS sustenta-se numa força de trabalho planejada e organizada de modo a satisfazer as necessidades assistenciais da população, em termos de disponibilidade, acessibilidade, aceitabilidade e qualidade, evoluindo progressivamente para a criação de mecanismos de dedicação plena ao exercício de funções públicas, estruturadas em carreiras, devendo ser garantidas condições e ambientes de trabalho promotores de satisfação e desenvolvimento profissionais e da conciliação da vida profissional, pessoal e familiar. 6. Ao SNS incumbe promover, nos seus estabelecimentos e serviços, e consoante a respetiva missão, as condições adequadas ao desenvolvimento de atividades de ensino e de investigação clínica.[136]

---

[135] Base 21, da Lei nº 95, de 04 de setembro de 2019.
[136] Base 22, da Lei nº 95, de 04 de setembro de 2019.

No que se refere ao financiamento do Serviço Nacional de Saúde, a Lei nº 95/2019 estabelece que o mesmo é assegurado por verbas do Orçamento do Estado, havendo a hipótese de ser determinada a consignação de receitas fiscais para o efeito, sem prejuízo de outras receitas previstas em lei, regulamento, contrato ou outro título.[137]

Na estrutura do Serviço Nacional de Saúde, em seu topo e comando de gestão encontra-se o Ministério da Saúde (MS), cuja Lei Orgânica é representada pelo Decreto-Lei nº 124/2011, que estabelece como missão ao MS, enquanto departamento governamental, definir e conduzir a política nacional de saúde, garantindo uma aplicação e utilização sustentáveis dos recursos e a avaliação dos seus resultados,[138] com as principais atribuições de: a) assegurar as ações necessárias à formulação, execução, acompanhamento e avaliação da política nacional de saúde; b) exercer, em relação ao Serviço Nacional de Saúde, abreviadamente designado por SNS, funções de regulamentação, planejamento, financiamento, orientação, acompanhamento, avaliação, auditoria e inspeção; c) exercer funções de regulamentação, inspeção e fiscalização relativamente às atividades e prestações de saúde desenvolvidas pelo setor privado, integradas ou não no sistema de saúde, incluindo os profissionais nelas envolvidos; d) gerir o subsistema de saúde da Administração Pública (alínea "d" com redação introduzida pelo Decreto-Lei nº 152, de 07 de agosto de 2015).

Prosseguem as atribuições do Ministério da Saúde, sob a superintendência e tutela do respetivo ministro, com os seguintes organismos periféricos: a) a Administração Regional de Saúde do Norte; b) a Administração Regional de Saúde do Centro; c) a Administração Regional de Saúde de Lisboa e Vale

---

[137] Base 23, da Lei nº 95, de 04 de setembro de 2019.
[138] PORTUGAL. Decreto-Lei nº 124, de 29 de dezembro de 2011.

do Tejo; d) a Administração Regional de Saúde do Alentejo; e) a Administração Regional de Saúde do Algarve.

Depreendem-se ainda da estrutura central do Serviço Nacional de Saúde os serviços de administração direta, os organismos da administração indireta, o Conselho Nacional, enquanto órgão consultivo, e a Entidade Reguladora da Saúde.

Integram os serviços da administração direta do Estado: (i) a Secretaria-Geral; (ii) Inspeção-Geral das Atividades em Saúde; (iii) Direção-Geral da Saúde; (iv) Serviço de Intervenção nos Comportamentos Aditivos e nas Dependências; (v) Direção-Geral de Proteção Social aos Trabalhadores em Funções Públicas.[139]

Constituem os organismos da administração indireta do Estado: 1. Administração Central do Sistema de Saúde; 2. INFARMED – Autoridade Nacional do Medicamento e Produtos de Saúde; 3. Instituto Nacional de Emergência Médica; 4. Instituto Português do Sangue e da Transplantação; 5. Instituto Nacional de Saúde Doutor Ricardo Jorge; 6. Administrações Regionais de Saúde.[140]

Tantos os órgãos da administração direta quanto os da indireta encontram-se vinculados e subordinados ao Ministério da Saúde, devendo, portanto, atender às diretrizes fixadas pelo Poder central, a partir do que estiver estabelecido na Política Nacional de Saúde (PNS).

A Política Nacional de Saúde estabelecida para o quadriênio (2015-2019) tem os seguintes pilares: 1. Defender o Serviço Nacional de Saúde (SNS); 2. Promover a saúde através de uma nova ambição para a saúde pública; 3. Reduzir as desigualdades entre cidadãos no acesso à saúde; 4. Reforçar o poder do cidadão no SNS, promovendo disponibilidade, acessibilidade, comodidade, celeridade e humanização dos serviços;

---

[139] Disponível em: https://www.sns.gov.pt. Acesso em: 27 set. 2019.
[140] *Idem.*

5. Expansão e melhoria da capacidade da rede de cuidados de saúde primários; 6. Melhoria da gestão dos hospitais, da circulação de informação clínica e da articulação com outros níveis de cuidados e outros agentes do setor; 7. Expansão e melhoria da integração da Rede de Cuidados Continuados e de outros serviços de apoio às pessoas em situação de dependência; 8. Aperfeiçoar a gestão dos recursos humanos e a motivação dos profissionais de saúde; 9. Melhorar a governação do SNS, melhorar a qualidade dos cuidados de saúde.[141]

Considerando que a garantia do direito à proteção da saúde efetivamente se realiza por meio de políticas públicas, em seu viés prestacional, impende discorrer sobre aspectos fundamentais e estruturantes do Programa de Governo, estabelecido para o quadriênio 2015-2019.[142]

Nessa direção, percebe-se, por meio das diretrizes traçadas pelo XXI Governo Constitucional, a produção de um Programa de Governo elaborado a partir de avaliação consentânea no que concerne aos aspectos históricos mais recentes do Sistema de Saúde português, considerando para tanto os avanços, estagnações e retrocessos em vários setores da saúde, ao mesmo tempo que é proposto um leque de medidas para melhorar e tornar mais efetiva a promoção e proteção da saúde dos cidadãos portugueses.

Com efeito, reconhecendo as conquistas da saúde em Portugal, que melhoram o nível no cenário europeu ao reduzir desigualdades, destaca o Programa de Governo que a crise e a fraca definição de políticas levaram o Serviço Nacional de Saúde a gastar pior os recursos e a gerar problemas no acesso, diante da ausência de uma visão estratégica e capacidade, bem como logística a contento para executar as reformas organizativas indispensáveis.

---

[141] Disponível em: https://www.sns.gov.pt. Acesso em: 27 set. 2019.
[142] Programa do XXI Governo Constitucional. Disponível em: https://www.sns.gov.pt. Acesso em: 27 set. 2019.

Nesse aspecto avaliativo, certamente qualquer análise crítica que se possa ter, fundamentalmente sobre o desempenho do Serviço Nacional de Saúde na última década, há que considerar como premissa a situação econômico-social de Portugal, não se olvidando, por conseguinte, dos percalços e de suas consequências no setor da saúde pública, como pode ser inferido das recomendações do Memorando Troika, induzindo uma utilização mais racional dos serviços e controle de despesas para a geração de poupanças adicionais na área de medicamentos para reduzir a despesa pública com medicamentos para 1,25% do PIB até final de 2012 e para cerca de 1% do PIB em 2013 e gerar poupanças adicionais nos custos operacionais dos hospitais.[143]

No Memorando Troika, ainda concernente ao financiamento para a área da saúde pública (do SNS), por exemplo, o governo português, à altura, firmou o compromisso de rever substancialmente as categorias de isenção das taxas moderadoras, incluindo uma aplicação mais rígida da condição de recursos, em colaboração com o Ministério do Trabalho e da

---

[143] Memorando Troika – Memorando de Entendimento assinado a 17 de maio de 2011, decorrente do Regulamento do Conselho (UE) nº 407/2010, de 11 de maio de 2010, que estabelece o Mecanismo Europeu de Estabilização Financeira (European Financial Stabilisation Mechanism – EFSM). A Decisão do Conselho especifica que o primeiro desembolso do EFSM fica sujeito à entrada em vigor do Memorando de Entendimento sobre a Condicionalidade de Política Económica (Memorandum of Understanding – MoU) e do Contrato de Financiamento. "Se os objetivos não forem cumpridos ou for expectável o seu não cumprimento, serão adoptadas medidas adicionais. As autoridades portuguesas comprometem-se a consultar a Comissão Europeia, o Banco Central Europeu (BCE) e o Fundo Monetário Internacional (FMI) quanto à adopção de políticas que não sejam consistentes com este Memorando. Prestarão também à Comissão Europeia, ao BCE e ao FMI toda a informação solicitada para a monitorização da implementação do programa e o acompanhamento da situação económica e financeira. Antes dos desembolsos, as autoridades portuguesas deverão apresentar um relatório sobre o cumprimento das condicionalidades". Antes da assinatura deste MoU, Portugal cumpriu as ações prévias (prior actions) fixadas no Memorando de Políticas Económicas e Financeiras (Memorandum of Economic and Financial Policies – MEFP). Disponível em: https://acervo.publico.pt/economia/memorando-da-troika-anotado. Acesso em: 27 set. 2019.

Solidariedade Social, bem como o aumento das taxas moderadoras em determinados serviços.

E mais, estabeleceu o Memorando o compromisso do governo português em reduzir substancialmente (em dois terços no total) as deduções fiscais relativas a encargos com a saúde, incluindo seguros privados, além de estabelecer o preço máximo do primeiro genérico introduzido no mercado em 60% do preço do medicamento de marca com uma substância ativa similar, e ainda a revisão do sistema de preços de referência baseado em preços internacionais, alterando os países de referência para os três países da UE com os níveis de preços mais baixos ou para países com níveis comparáveis em termos de PIB *per capita*.

Nesse passo, o Programa de Governo estabelecido para 2015-2019 reconheceu que o revigoramento e a recuperação do SNS e do seu desempenho constituem árduos desafios para a próxima década, necessitando se dotar o SNS de capacidade para responder melhor e com maior celeridade às necessidades dos cidadãos que acessam o Serviço Nacional de Saúde, com a simplificação do acesso, aproveitando os meios de proximidade para ampliar a capacidade de o utente obter, num só local, consulta, meios de diagnóstico e de terapêutica. Essas considerações no programa certamente expressam uma espécie, ainda que moderada, de uma autocrítica sobre as limitações, mas, fundamentalmente, sobre os equívocos porventura cometidos na gestão do Serviço Nacional de Saúde.

Na oportunidade, retomando a estruturação do Sistema de Saúde português, e para fins de análise similar aos aspectos abordados sobre o SUS do Brasil, destaca-se o INFARMED, Autoridade Nacional do Medicamento e Produtos de Saúde, que se constitui em um instituto público de regime especial, dotado de autonomia administrativa, financeira e patrimônio próprio, competindo-lhe regular e supervisionar os setores dos medicamentos de uso humano e produtos de saúde, e garantir o acesso dos profissionais da saúde e dos cidadãos a medicamentos e produtos de saúde de qualidade, eficazes e seguros.

Destacadamente, são atribuições do INFARMED: a) contribuir para a formulação da política de saúde, designadamente na definição e execução de políticas dos medicamentos de uso humano e dos produtos de saúde, o que inclui dispositivos médicos e produtos cosméticos e de higiene corporal; b) regulamentar, avaliar, autorizar, disciplinar, fiscalizar, verificar analiticamente, como laboratório de referência, e assegurar a vigilância e controle da investigação, produção, distribuição, comercialização e utilização dos medicamentos de uso humano e dos produtos de saúde, o que inclui dispositivos médicos e produtos cosméticos e de higiene corporal; c) assegurar a regulação e a supervisão das atividades de investigação, produção, distribuição, comercialização e utilização de medicamentos de uso humano e dos produtos de saúde, o que inclui dispositivos médicos e produtos cosméticos e de higiene corporal; d) assegurar o cumprimento das normas aplicáveis à autorização de ensaios clínicos com medicamentos, bem como o controle da observância das boas práticas clínicas na sua realização; e) garantir a qualidade, segurança, eficácia e custo-efetividade dos medicamentos de uso humano e dos produtos de saúde, o que inclui dispositivos médicos e produtos cosméticos e de higiene corporal; f) monitorizar o consumo e utilização de medicamentos de uso humano e produtos de saúde; g) promover o acesso dos profissionais de saúde e dos consumidores às informações necessárias à utilização racional de medicamentos de uso humano e de produtos de saúde, o que inclui dispositivos médicos e produtos cosméticos e de higiene corporal; h) gerir o Sistema Nacional de Avaliação de Tecnologias de Saúde (SiNATS).[144]

---

[144] Disponível em: https://www.infarmed.pt/web/infarmed. Acesso em: 27 set. 2019.

Os medicamentos têm um peso importante nas despesas com saúde, devendo ser considerado não apenas o aumento dos gastos com medicamentos no aspecto nominal, mas também o desenvolvimento das tecnologias pela indústria farmacêutica, encarecendo sobremaneira os tratamentos em todo o Sistema de Saúde que deles necessita.

Com a edição do Decreto-Lei nº 176/2006,[145] de 30 de agosto, que estabeleceu o Estatuto do Medicamento, foi definido o regime jurídico a que obedece a autorização de introdução no mercado e suas alterações, o fabrico, a importação, a exportação, a comercialização, a rotulagem e informação, a publicidade, a farmacovigilância e a utilização dos medicamentos para uso humano e respectiva inspeção, incluindo, designadamente, os medicamentos homeopáticos, os medicamentos radiofarmacêuticos e os medicamentos tradicionais à base de plantas.

Ainda sobre a temática de medicamentos, foram introduzidos de maneira mais ativa no mercado, a partir de 2005, os medicamentos genéricos, que tiveram um tratamento especial com o objetivo de reduzir os custos dos medicamentos e de compensar a entrada de medicamentos inovadores de custo mais elevado.

Dez anos depois, em 2015, foi editada a Portaria nº 18-A/2015, prevendo, em seu preâmbulo, a possibilidade de serem implementados incentivos que promovam o aumento da utilização de medicamentos genéricos e, entre estes, os mais baratos, podendo ser objeto de remuneração adicional as farmácias participantes em programas de saúde pública.[146]

Retomando os aspectos de estruturação, merece destaque, pela importância dentro do Serviço Nacional de Saúde, o papel desempenhado pelo Conselho Nacional de Saúde, que,

---

[145] Decreto-Lei nº 176, de 30 de agosto de 2006. Estabelece o Estatuto do Medicamento.
[146] Portaria nº 18-A/2015, de 02 de fevereiro. Ministérios das Finanças e da Saúde.

apesar de ter caráter consultivo, possui representatividade e legitimidade social.

O Conselho Nacional de Saúde, normatizado pelo Decreto-Lei nº 49/2016, tem por missão garantir a participação dos cidadãos utilizadores do Serviço Nacional de Saúde na definição das políticas, contando com a intervenção das autarquias e dos profissionais, bem como das universidades e institutos superiores politécnicos, para além de representantes indicados pela Comissão Permanente da Concertação Social, Conselho Nacional de Ética para as Ciências da Vida e das Regiões Autónomas, como forma de promover uma cultura de transparência e prestação de contas perante a sociedade.[147]

De acordo com o Decreto-Lei nº 49/2016, o Conselho Nacional de Saúde é integrado por 30 (trinta) membros, com a seguinte composição: a) um presidente e um vice-presidente, designados pelo Conselho de Ministros; b) seis representantes dos utentes, eleitos pela Assembleia da República; c) um representante das seguintes associações públicas profissionais: (i) Ordem dos Biólogos; (ii) Ordem dos Enfermeiros; (iii) Ordem dos Farmacêuticos; (iv) Ordem dos Médicos; (v) Ordem dos Médicos Dentistas; (vi) Ordem dos Nutricionistas; (vii) Ordem dos Psicólogos; d) dois representantes das autarquias, designados um pela Associação Nacional de Municípios Portugueses e um pela Associação Nacional de Freguesias; e) duas personalidades de reconhecido mérito na área da saúde, designadas pelo Conselho de Reitores das Universidades Portuguesas; f) duas personalidades de reconhecido mérito na área da saúde, designadas pelo Conselho Coordenador dos Institutos Superiores Politécnicos; g) uma personalidade de reconhecido mérito na área da saúde, designada pelo Governo da Região Autónoma dos Açores; h) uma personalidade de reconhecido mérito na área da saúde,

---

[147] PORTUGAL. Decreto-Lei nº 49, de 23 de agosto de 2016.

designada pelo Governo da Região Autónoma da Madeira; i) cinco personalidades indicadas pela Comissão Permanente de Concertação Social, sob proposta das respectivas organizações sindicais e empresariais; j) uma personalidade de reconhecido mérito na área da saúde, indicada pelo Conselho Nacional para a Economia Social; k) uma personalidade de reconhecido mérito na área da saúde, indicada pelo Conselho Nacional de Ética para as Ciências da Vida.[148]

Conforme se pode observar, o Conselho Nacional de Saúde tem a composição integrada por um feixe social representativo de profissionais e entidades relacionados à área da saúde, sendo plausível sindicar no sentido de que lhe seja conferido caráter deliberativo em matérias sensíveis e importantes em saúde pública, a partir de uma Política Nacional de Saúde também, com o lastro representativo dos seguimentos sociais.

Na sequência, sobre o Sistema de Saúde de Portugal, importante referência a ser feita reporta-se à existência de subsistemas públicos de saúde, que consistem em entidades de natureza pública, criadas por lei, que coparticipam financeiramente nos encargos resultantes da prestação de cuidados de saúde aos seus beneficiários e que asseguram essa mesma prestação a esses mesmos beneficiários, regra geral por meio de uma rede de prestadores privados de cuidados de saúde com os quais celebraram um acordo ou convenção ou através dos estabelecimentos hospitalares do SNS.[149]

Em Portugal, o ADSE (Assistência na Doença aos Servidores Civis do Estado), principal subsistema público e com o maior número de beneficiários, foi instituído pelo Decreto-Lei nº 45.002/1963.[150] Posteriormente, por meio do Decreto-Lei

---

[148] Artigo 5º, do Decreto-Lei nº 49, de 23 de agosto de 2016.
[149] Entidade Reguladora da Saúde (ERS). Avaliação do modelo de contratação de prestadores de cuidados de saúde pelos subsistemas e seguros de saúde (dez. 2009). Disponível em: https://www.ers.pt. Acesso em: 1º out. 2019.
[150] PORTUGAL. Decreto-Lei nº 45.002, de 27 de abril de 1963.

nº 476/1980,[151] foi procedida a transformação da ADSE em Direção-Geral de Proteção Social aos Funcionários e Agentes da Administração Pública, serviço dotado de autonomia administrativa, integrado na estrutura central do Ministério das Finanças, mantendo-se, todavia, a sigla ADSE.

A última alteração no ADSE ocorreu por intermédio do Decreto Regulamentar nº 23/2007,[152] e da Portaria nº 351/2007,[153] que estabeleceu que o mesmo é um serviço central da administração direta do Estado, dotado de autonomia administrativa, que tem por missão assegurar a proteção aos beneficiários nos domínios da promoção da saúde, da prevenção da doença, tratamento e reabilitação.

Cumpre enfatizar que o financiamento do ADSE é feito por meio de receitas provenientes das dotações que lhe são transferidas do orçamento do Estado, da contribuição individual compulsória dos beneficiários titulares, em situação de exercício de funções ou aposentados, mediante a realização de descontos para o subsistema de saúde e ainda dos reembolsos decorrentes da prestação de cuidados de saúde, as contribuições e/ou os acordos de capitação efetuados pelos organismos dotados de autonomia administrativa e financeira, ou que sejam dotados de verbas próprias para pagamento do respectivo pessoal, pelas Regiões Autónomas, pelas Autarquias Locais e por outras entidades legalmente previstas.[154]

Conforme foi referido anteriormente, ainda existem outros subsistemas públicos setoriais em Portugal, destacando-se o da Assistência na Doença aos Militares das Forças Armadas

---

[151] PORTUGAL. Decreto-Lei nº 476, de 15 de outubro de 1980.
[152] PORTUGAL. Decreto Regulamentar nº 23, de 29 de março de 2007.
[153] Portaria nº 351, de 30 de março de 2007, do Ministério das Finanças e da Administração Pública.
[154] Entidade Reguladora da Saúde (ERS). Avaliação do modelo de contratação de prestadores de cuidados de saúde pelos subsistemas e seguros de saúde (dez. 2009). Disponível em: https://www.ers.pt. Acesso em: 1º out. 2019.

(ADM),[155] os Serviços de Assistência na Doença – Polícia de Segurança Pública (SAD-PSP),[156] os Serviços de Assistência na Doença – Guarda Nacional Republicana (SAD-GNR)[157] e os Serviços Sociais da Administração Pública (SSAP).[158]

Destaque-se, por oportuno, que, nesse tipo de regime, além da contribuição mensal dos funcionários, ainda existe um copagamento relativo ao ato ou procedimento efetuado relativo aos cuidados em saúde, cujo valor consta de tabelas estabelecidas para essa finalidade.

No percurso da formação e estruturação do Sistema de Saúde português, chega-se ao momento da regulação, da intervenção estatal no setor da saúde, de modo a regular, além dos serviços públicos, também a iniciativa privada que atua nesse setor.

Nesse passo, por meio do Decreto-Lei nº 309/2003,[159] foi criada a Entidade Reguladora da Saúde (ERS), pessoa coletiva de direito público, dotada de autonomia administrativa e financeira e de patrimônio próprio, tendo por objeto a regulação, a supervisão e o acompanhamento da atividade dos estabelecimentos, instituições e serviços prestadores de cuidados de saúde.

Percebe-se, no próprio preâmbulo da Lei criadora da ERS, que a entidade se propõe a separar a função do Estado como regulador e supervisor, em relação às suas funções de operador e de financiador, com uma forte independência

---

[155] Decreto-Lei nº 167, de 23 de setembro de 2005. Regime jurídico da assistência na doença aos militares das Forças Armadas.
[156] Decreto-Lei nº 158/2005, de 20 de setembro de 2005. Regime jurídico da assistência na doença ao pessoal da Polícia de Segurança Pública (PSP).
[157] Decreto-Lei nº 158/2005, de 20 de setembro de 2005. Regime jurídico da assistência na doença ao pessoal da Guarda Nacional Republicana (GNR).
[158] Decreto-Lei nº 122/2007, de 27 de abril. Regime de ação social complementar dos trabalhadores da administração direta e indireta do Estado.
[159] Decreto-Lei nº 309, de 10 de dezembro de 2003. Cria a Entidade Reguladora da Saúde (ERS).

da regulação, quer em relação ao Estado operador, quer em relação aos operadores em geral, típica previsão das agências reguladoras dos mais diversos setores da economia, nos países onde foram criadas.

Nesse sentido, Vital Moreira aduz que a ERS segue os mesmos princípios de organização das anteriores entidades reguladoras nacionais nos setores econômicos liberalizados e abertos ao mercado, designadamente os antigos serviços públicos tradicionais.[160]

De acordo com o Decreto-Lei nº 309/2003, estão sujeitos à regulação da ERS: a) as entidades, estabelecimentos, instituições e serviços prestadores de cuidados de saúde, integrados ou não na rede de prestação de cuidados de saúde, independentemente da sua natureza jurídica; b) as entidades externas titulares de acordos, contratos e convenções; c) as entidades e estabelecimentos prestadores de cuidados de saúde dos setores social e privado, incluindo a prática liberal; d) as associações de entidades públicas ou privadas e as instituições particulares de solidariedade social que se dedicam à promoção e proteção da saúde, ainda que sob a forma de pessoa coletiva de utilidade pública administrativa, e desenvolvem a respectiva atividade no âmbito da prestação de serviços de cuidados de saúde ou no seu apoio direto; e) os subsistemas de saúde.[161]

Contrapondo-se à independência estabelecida em relação à Entidade Reguladora da Saúde, Vital Moreira observa que a ERS não é inteiramente independente. Primeiro, diante da sua submissão à lei instituidora (seus atos podem ser judicialmente impugnados), da impositiva observância aos

---

[160] MOREIRA, Vital. A nova entidade reguladora da saúde em Portugal. *Revista de Direito Público da Economia – RDPE*, Belo Horizonte, n. 5, ano 2, jan./mar. 2004. Disponível em: http://www.bidforum.com.br. Acesso em: 1º out. 2019.
[161] Artigo 8º do Decreto-Lei nº 309, de 10 de dezembro de 2003.

princípios orientadores da política de saúde fixados pelo Governo (não goza de inteira liberdade decisória), bem como por estar sujeita a controle governamental no que diz respeito à sua gestão administrativa e financeira, necessitando ainda da aprovação ministerial do plano de atividades e do orçamento, das contas e do relatório de atividades, bem como autorização prévia para a alienação e aquisição de imóveis, aceitação de doações, heranças ou legados, entre outros atos.[162] Acrescente-se a tudo isso ainda o fato de que o Conselho Diretivo da Entidade Reguladora da Saúde, composto por um presidente e dois vogais, é nomeado por resolução do Conselho de Ministros, por proposta do Ministro da Saúde.

O desempenho da Entidade Reguladora da Saúde não estava alcançando grau satisfatório, em razão de aspectos jurídicos de sua configuração, tendo sido procedida sua reestruturação por meio do Decreto-Lei nº 127/2009,[163] ao fundamento de adaptar a Entidade Reguladora da Saúde ao desenvolvimento de funções de regulação da concorrência na saúde, dotando-a dos meios e competências necessárias.

Nesse sentido, o Decreto-Lei nº 127/2009, destacadamente, estabeleceu a criação de um conselho consultivo, como instância de participação institucionalizada dos setores interessados, a delimitação mais rigorosa das atribuições e dos poderes da Entidade Reguladora da Saúde, atribuindo à ERS funções de regulação econômica do setor com a definição mais precisa dos poderes sancionatórios, quer quanto à definição das contraordenações, quer quanto às coimas.

Percebe-se que as significativas alterações que a reestruturaram possibilitaram à Entidade Reguladora da Saúde

---

[162] MOREIRA, Vital. A nova entidade reguladora da saúde em Portugal. *Revista de Direito Público da Economia – RDPE*, Belo Horizonte, n. 5, ano 2, jan./mar. 2004. Disponível em: http://www.bidforum.com.br. Acesso em: 1º out. 2019.

[163] Decreto-Lei nº 127, de 27 de maio de 2009. Reestrutura a Entidade Reguladora da Saúde.

que efetivamente possa certificar as unidades de saúde do cumprimento dos requisitos para o exercício da atividade por meio do licenciamento, garantindo, assim, o direito de acesso universal e equitativo à prestação de cuidados de saúde no SNS, bem como nos estabelecimentos contratados.

Na área da qualidade, a Entidade Reguladora da Saúde promove um sistema de classificação dos estabelecimentos de saúde quanto à sua qualidade global, elabora estudos e emite recomendações sobre as relações econômicas na saúde, promovendo e defendendo a concorrência, intervindo na mediação de conflitos.

Mas é necessário referir-se a uma questão relevante no caso da ERS. Aduz-se ao fato de a entidade, na atuação de suas competências, identificar falhas, notadamente no SNS, tais como inadequações em hospitais, centros de saúde, meios auxiliares de diagnóstico, etc., necessidade de profissionais de saúde, como médicos especialistas, que acarretam distorção nas regras do mercado concorrencial, podendo, com relativa frequência, assoberbar a demanda no SNS e modificar os preços praticados no setor privado.[164]

Isso efetivamente já ocorreu, momento em que a ERS, em avaliação do acesso dos utentes aos cuidados continuados de saúde, constatou a escassez de médicos e enfermeiros em unidades de internamento, a falta de unidades de ambulatório e a deficiente prestação de cuidados paliativos, com evidente prejuízo em termos do acesso a cuidados continuados de qualidade a todos os utentes.[165]

Percebe-se, pois, que a criação da ERS é resultado de uma mudança no contexto do Sistema de Saúde português, introduzindo no mercado a empresarialização, a aplicação de

---

[164] Entidade Reguladora da Saúde. Avaliação do acesso dos utentes aos cuidados continuados de saúde. Disponível em: https://www.ers.pt. Acesso em: 1º out. 2019.
[165] *Idem*.

instrumentos de gestão privada, as Parcerias Público-Privadas, a contratualização com novos operadores, iniciando, assim, um ciclo de regulação dos setores público, privado e social,[166] regulando, por um lado, na perspectiva da dimensão económica, ao controlar os preços, a produção das unidades de saúde, entre outros, e, por outro, na dimensão social, controlando o cumprimento dos direitos dos utentes, combatendo más práticas no mercado, por exemplo, a desnatação ou *cream-skimming*.[167]

Na sequência das mudanças introduzidas com a regulação na área da saúde, operou-se a alteração do modo de gestão e organização dos hospitais públicos, com as hipóteses de cessão da gestão de unidades públicas a entidades privadas e a implementação de Parcerias Público-Privadas (PPP), com a construção e gestão de unidades do Serviço Nacional de Saúde por entidades privadas, estabelecendo-se uma nova relação, portanto, com o Poder Público.

Essa relação com o setor privado teve início nos anos 2001 e 2002, com a denominada empresarialização dos hospitais. Àquela altura, foram, nessa direção, adotadas medidas legislativas, que introduziram instrumentos de gestão empresarial a partir de experiências de gestão inovadoras.

Fundamentalmente, nesse particular, alguns diplomas legais merecem destaque, entre os quais a Lei nº 27, de 08 de novembro de 2002,[168] que estabeleceu o novo regime jurídico da gestão hospitalar, bem como a Resolução de Conselho de Ministros nº 41/2002, que definiu os trâmites associados à

---

[166] NUNES, Rui. *Regulação da saúde*. 2. ed. Porto: Vida Económica, 2009. p. 225.

[167] O processo de desnatação baseia-se na tentativa pelas seguradoras de evitar os riscos maus, buscando conter apenas situações de sinistros de menor risco. Disponível em: https://www.ers.pt. uploads/writer_file/document/1345/2015.03.12_Seguros_publicar.pdf. Acesso em: 02 out. 2019.

[168] Lei nº 27, de 08 de novembro de 2002. Estabelece o novo regime jurídico da gestão hospitalar.

empresarialização das unidades hospitalares. A Lei nº 27/2002 alterou a Lei de Bases da Saúde, revogando o Decreto-Lei nº 19/88, norma que regrava a Lei da Gestão Hospitalar, oportunizando, dessa forma, a utilização de diversas formas jurídicas aplicáveis aos hospitais no sistema de saúde, notadamente ao setor privado, em nova relação com o Serviço Nacional de Saúde.[169]

Demonstração mais evidente ainda desse processo foi a edição do Decreto-Lei nº 93/2005,[170] que transformou os hospitais com a natureza de sociedades anônimas em Entidades Públicas Empresariais (EPE),[171] alertando-se para o fato de que, em 2002, os hospitais com a natureza de sociedade anônima foram egressos de 31 hospitais do setor público administrativo.

Em sequência, o Decreto-Lei nº 233/2005 transformou em Entidades Públicas Empresariais (EPE) os hospitais com a natureza de sociedade anônima, o Hospital de Santa Maria e o Hospital de São João, criando o Centro Hospitalar de Lisboa

---

[169] BARROS, P.; MACHADO, M.; SIMÕES, J. (2011). Portugal health system review. In: ALLIN, S.; MOSSIALOS, E. (Eds.). Governing Public Hospitals: reform strategies and the movement to institutional autonomy. Copenhaga: European Observatory on Health Systems and Policies/ WHO Regional Office for Europe. v. 19, nº 2, 2017.

[170] Decreto-Lei nº 93, de 07 de julho de 2005.

[171] Artigo 4º, do Decreto-Lei nº 93, de 07 de julho de 2005. Foram as seguintes Unidades S.A transformadas em EPE: Hospital Infante D. Pedro, S.A.; Centro Hospitalar de Vila Real/Peso da Régua, S.A.; Hospital de São Gonçalo, S.A.; Centro Hospitalar do Baixo Alentejo, S.A.; Instituto Português de Oncologia Francisco Gentil – Centro Regional de Oncologia de Coimbra, S.A.; Hospital Distrital de Bragança, S.A.; Hospital de Egas Moniz, S.A.; Hospital de São Francisco Xavier, S.A.; Hospital Geral de Santo António, S.A.; Instituto Português de Oncologia Francisco Gentil – Centro Regional de Oncologia do Porto, S.A.; Unidade Local de Saúde de Matosinhos, S.A.; Hospital Padre Américo – Vale do Sousa, S.A.; Hospital de Nossa Senhora da Oliveira, S.A.; Hospital Distrital da Figueira da Foz, S.A.; Hospital de São Teotónio, S.A.; Centro Hospitalar da Cova da Beira, S.A.; Instituto Português de Oncologia Francisco Gentil – Centro Regional de Oncologia de Lisboa, S.A.; Hospital Pulido Valente, S.A.; Hospital de Santa Cruz, S.A.; Hospital de Santa Marta, S.A.; Hospital de Santa Maria Maior, S.A.; Hospital São João de Deus, S.A.; Centro Hospitalar do Alto Minho, S.A.; Hospital de São Sebastião, S.A.; Hospital de Santo André, S.A.; Hospital Garcia de Orta, S.A.; Hospital de Nossa Senhora do Rosário, S.A.; Hospital de São Bernardo, S.A.; Centro Hospitalar do Médio Tejo, S.A.; Hospital Distrital de Santarém, S.A.; Centro Hospitalar do Barlavento Algarvio, S.A.

Ocidental (EPE), o Centro Hospitalar de Setúbal (EPE) e o Centro Hospitalar do Nordeste,[172] alterado pelo Decreto-Lei nº 244/2012,[173] ao estabelecer que as Entidades Públicas Empresariais são pessoas coletivas de direito público de natureza empresarial dotadas de autonomia administrativa, financeira e patrimonial nos termos do regime jurídico do setor empresarial do Estado e das empresas públicas.

A alteração normativa mais recente e de relevância na estruturação do regime jurídico das unidades de saúde foi o advento do Decreto-Lei nº 127/2014,[174] que estabeleceu o regime jurídico a que ficam sujeitos a abertura, a modificação e o funcionamento dos estabelecimentos prestadores de cuidados de saúde, qualquer que seja a sua denominação, natureza jurídica ou entidade titular da exploração, incluindo os estabelecimentos detidos por Instituições Particulares de Solidariedade Social (IPSS), bem como os estabelecimentos detidos por pessoas coletivas públicas.

As Parcerias Público-Privadas (PPP) finalizam as possibilidades de relação da Administração Pública com o setor privado. Em Portugal, a primeira relação contratual com o setor privado para a gestão de um hospital público foi realizada em 1995, no Hospital Fernando da Fonseca, com fundamento na então vigente Lei nº 48/90 (Lei de Bases da Saúde).[175] Atualmente, encontram-se em funcionamento quatro hospitais em regime de Parceria Público-Privada: Hospitais de Cascais, Loures, Braga e Vila Franca de Xira.

Percebe-se, pois, que o programa de parcerias, mesmo tendo constituído uma nova forma de contratação,

---

[172] Decreto-Lei nº 233, de 29 de dezembro de 2005.
[173] Decreto-Lei nº 244, de 09 de novembro de 2012, Regime Jurídico dos hospitais EPE.
[174] Decreto-Lei nº 127, de 22 de agosto de 2014.
[175] FERNANDES, Adalberto Campos. *A combinação público-privado em saúde*: impacto no desempenho do sistema e nos resultados em saúde no contexto português, 2015. Disponível em: https://www.repository.utl.pt. Acesso em: 04 out. 2019.

demandando investimentos e gestão privados, ainda mantém o planejamento e o financiamento públicos, de acordo com o estabelecido no Decreto-Regulamentar nº 14/2003,[176] tendo sido regulamentadas as PPPs por meio do Decreto-Lei nº 111/2012,[177] que disciplina a intervenção do Estado na definição, concepção, preparação, concurso, adjudicação, alteração, fiscalização e acompanhamento global das Parcerias Público-Privadas, e cria a Unidade Técnica de Acompanhamento de Projetos.

Em Portugal, pertinente ao financiamento da prestação de cuidados de saúde, a partir das abordagens antecedentes, percebe-se que se viabiliza por meio de um sistema misto, com a coexistência de prestadores públicos e privados, predominando o financiamento público por meio do Serviço Nacional de Saúde, estabelecido dentro do orçamento geral do Estado, além de outras receitas diretas geradas em grande parte pelos hospitais.

As expectativas e exigências crescentes por parte da sociedade portuguesa, no caso dos utentes, inclusive por meio de organizações sociais e profissionais, perseguindo ampliação da cobertura dos serviços e melhor qualidade, acarretaram uma demanda maior de recursos para o setor público de saúde em diversos níveis e segmentos da prestação de serviços e entrega de bens, ainda que o Poder central tenha tomado iniciativas para a redução dos custos, como foi mencionado em relação aos medicamentos.

Esse fundamento vem a demonstrar que o Serviço Nacional de Saúde ainda necessita de investimentos para superar as deficiências do setor, dando respostas para fatores sociais atuais, notadamente as condições demográficas e o substancial

---

[176] Decreto-Regulamentar nº 14, de 30 de junho de 2003. Aprova o caderno de encargos tipo dos contratos de gestão que envolvam as atividades de concepção, construção, financiamento, conservação e exploração de estabelecimentos hospitalares.
[177] Decreto-Lei nº 111, de 23 de maio de 2012.

aumento dos custos com as novas tecnologias para tratamento e diagnóstico, também já referido alhures.

Com efeito, quatro décadas se passaram da criação do SNS, que convive com o desafio presente de sua sustentabilidade financeira, posto que as despesas com saúde, via de regra, vêm aumentado acima do crescimento do PIB,[178] necessitando, por consequência, adaptar-se a esse novo cenário, procurando otimizar a utilização dos recursos disponíveis, sem perder de mira os desígnios constitucionais do acesso de todos à proteção da saúde.

Encerrando o tópico articulado no presente estudo, cumpre discorrer sobre os princípios incidentes no Sistema de Saúde português, alicerce de tudo o que foi tratado, base e essência do Sistema, e de obediência necessária pelo Poder Público para os ditames estabelecidos na Constituição da República de Portugal, bem como na legislação portuguesa esparsa.

A Constituição da República de Portugal, no artigo 64º, estabelece os princípios fundantes do Serviço Nacional de Saúde, quais sejam, a universalidade, a generalidade e a tendencial gratuidade, este último modificado, conforme aduzido anteriormente.

Nesse norte, a Lei de Bases da Saúde em vigor, Lei nº 95/2019, com espeque nos ditames da Constituição da República de Portugal (CRP), estabelece como princípios do Serviço Nacional de Saúde os seguintes: a) universal, garantindo a prestação de cuidados de saúde a todas as pessoas sem discriminações, em condições de dignidade e de igualdade;

---

[178] FERNANDES, Adalberto Campos. *A combinação público-privado em saúde*: impacto no desempenho do sistema e nos resultados em saúde no contexto português, 2015. Disponível em: https://www.repository.utl.pt. Acesso em: 04 out. 2019. Ver também: OECD. Reviews of health care quality: Portugal 2015 – raising standards. OECD Publishing. Disponível em: https://www.dgs.pt. Acesso em: 10 out. 2019.

b) geral, assegurando os cuidados necessários para a promoção da saúde, prevenção da doença e o tratamento e reabilitação dos doentes; c) tendencial gratuidade dos cuidados, tendo em conta as condições econômicas e sociais dos cidadãos; d) integração de cuidados, salvaguardando que o modelo de prestação garantido pelo SNS está organizado e funciona de forma articulada e em rede; e) equidade, promovendo a correção dos efeitos das desigualdades no acesso aos cuidados, dando particular atenção às necessidades dos grupos vulneráveis; f) qualidade, visando a prestações de saúde efetivas, seguras e eficientes, com base na evidência, realizadas de forma humanizada, com correção técnica e atenção à individualidade da pessoa; g) proximidade, garantindo que todo o país dispõe de uma cobertura racional e eficiente de recursos em saúde; h) sustentabilidade financeira, tendo em vista uma utilização efetiva, eficiente e de qualidade dos recursos públicos disponíveis; i) transparência, assegurando a existência de informação atualizada e clara sobre o funcionamento do SNS.[179]

Para os fins aqui propostos, importa discorrer destacadamente a respeito dos princípios estabelecidos na Constituição da República de Portugal, acrescentando a participação dos cidadãos nos órgãos que compõem o Serviço Nacional de Saúde, como componente necessário para o ideário democrático do país, sustentando-se que toda a estruturação do Sistema de Saúde tem como fulcro a principiologia constitucional.

O princípio de universalidade regente do Serviço Nacional de Saúde significa que todos os cidadãos portugueses, quando necessitar, têm o direito de recorrer a ele, sendo pacífica, na doutrina, a atribuição impositiva da universalidade a partir do mandamento constitucional, que se mantém originalmente como foi concebida na Constituição da República portuguesa.

---

[179] Base 20, da Lei nº 95, de 04 de setembro de 2019 (Lei de Bases da Saúde).

Nesse sentido, Gomes Canotilho e Vital Moreira asseveram que o princípio da universalidade permanece inalterado desde a primeira versão da redação constitucional de 1976, alertando que sem prévia revisão da Constituição não é possível condicionar, excluir ou restringir o acesso aos cidadãos.[180]

Com efeito, é expressa a garantia de prestação de cuidados em saúde a todos os cidadãos portugueses, independentemente da sua condição econômica e social ou de qualquer outro fator diferenciador.

A universalidade também é extensiva no acesso aos cidadãos com residência permanente ou em situação de estada ou residência temporárias em Portugal, que sejam nacionais de Estados-Membros da União Europeia ou equiparados, nacionais de países terceiros ou apátridas, requerentes de proteção internacional e migrantes com ou sem a respectiva situação legalizada, nos termos do regime jurídico aplicável.[181]

Sobre o princípio da generalidade, Jorge Reis Novais sustenta que "geral significa abranger todos os serviços públicos de saúde e todos os domínios e prestações médicos, traduzindo a necessidade de integração ou de garantia de prestação de todos os serviços e cuidados de saúde".[182]

Infere-se, portanto, do disposto na Lei nº 56/79, a qual criou o Serviço Nacional de Saúde, que o princípio de generalidade foi assim definido: "o SNS envolve todos os cuidados integrados de saúde, compreendendo a promoção e vigilância da saúde, a prevenção da doença, o diagnóstico e tratamento dos doentes e a reabilitação médica e social".[183]

---

[180] Cf. CANOTILHO, J. J. Gomes; MOREIRA, Vital. *Constituição da República Portuguesa anotada*. 3. ed. Coimbra: Coimbra Editora, 2007.

[181] Base 21, da Lei nº 95, de 04 de setembro de 2019 (Lei de Bases da Saúde).

[182] Novais, Jorge Reis. Constituição e Serviço Nacional de Saúde. In: SIMÕES, J. (Org.). *30 Anos do Serviço Nacional de Saúde*: um percurso comentado. Coimbra: Almedina, 2010. p. 239-270.

[183] Artigo 6º, da Lei nº 56, de 15 de setembro de 1979.

Na mesma direção, a atual Lei de Bases da Saúde, Lei nº 95/2019,[184] faz expressa referência ao dever do Estado, assinalando como que "o Estado promove e garante o direito à proteção da saúde por meio do Serviço Nacional de Saúde (SNS), dos Serviços Regionais de Saúde e de outras instituições públicas, centrais, regionais e locais".

Depreende-se ainda que a generalidade da prestação de cuidados em saúde pelo Serviço Nacional de Saúde envolve uma prestação completa, com todos os cuidados integrados de saúde. No entanto, é possível que ocorra a hipótese de determinado serviço ou bem, por exemplo, determinado medicamento, não seja possível ser acessado por meio das Unidades do Serviço Nacional de Saúde. Nesse caso, o acesso poderá ser realizado por entidades não integradas, concessionadas ou excepcionalmente por reembolso direto ao beneficiário.

Isso representa, a partir de uma interpretação literal da Constituição portuguesa, que o Serviço Nacional de Saúde deve garantir as prestações de cuidados de saúde, mesmo que seja por meio de serviços privados, de maneira a complementar os serviços públicos.[185]

Maria João Estorninho, quanto à determinação das prestações incluídas no Serviço Nacional de Saúde, defende que o legislador goza de confortável margem de conformação e, diante da complexidade e diversidade dos métodos de diagnóstico e de terapia disponíveis, pode optar pela não inclusão de determinadas prestações de saúde,[186] firmando o entendimento de que da obrigação constitucional da generalidade decorre necessariamente o direito à qualidade dos serviços prestados, assim como a prontidão da realização do

---

[184] Base 1, da Lei nº 95, de 04 de setembro de 2019.
[185] Cf. MIRANDA, Jorge; MEDEIROS, Rui. *Constituição portuguesa anotada*. v. I. Coimbra: Almedina, 2005.
[186] ESTORNINHO, Maria João; MACIEIRINHA, Tiago. *Direito da saúde*. Lisboa: Universidade Católica Editora, 2014, p. 56.

serviço, pois ocorrerá violação do direito à proteção da saúde na hipótese do Serviço Nacional de Saúde não conseguir assegurar, em tempo clinicamente aceitável, a prestação de saúde de que careça o utente.[187]

Quanto ao princípio atual de tendencial gratuidade do Serviço Nacional de Saúde, o mesmo foi estabelecido com a redação conferida pela segunda revisão constitucional de 1989, passando o SNS de "gratuito" a "tendencialmente gratuito".

Nesse sentido, consequência dessa mudança foi a implementação do pagamento de taxas moderadoras, que se efetivou com o advento da primeira Lei de Bases da Saúde, Lei nº 48/90, que, na Base XXXIV, previu que o objetivo do estabelecimento de taxas moderadoras foi o de que, para "completar as medidas reguladoras do uso dos serviços de saúde, podem ser cobradas taxas moderadoras", estabelecendo ainda que são isentos do pagamento "grupos populacionais sujeitos a maiores riscos e os financeiramente mais desfavorecidos".[188]

Instado sobre a constitucionalidade do implemento das taxas moderadoras, o Tribunal Constitucional pronunciou-se por meio do Acórdão nº 330/89,[189] consolidando a interpretação de que o implemento da tendencial gratuidade não representou a ocorrência de inconstitucionalidade. No fundamento dessa decisão, o Tribunal Constitucional firmou o entendimento de que a gratuidade possui um conceito normativo com "certo halo de indeterminação" do legislador, pelo fato de não significar que o paciente não teria de pagar qualquer contrapartida, mas sim para salvaguardar o individual e total suporte da prestação, evitando que o pagamento do serviço fosse imposto ao cidadão.

---

[187] *Idem*, p. 58.
[188] Base XXXIV, da Lei nº 48, de 24 de agosto de 1990, primeira Lei de Bases da Saúde, revogada pela Lei nº 95/2019.
[189] Tribunal Constitucional. Acórdão nº 330, de 11 de abril de 1989.

Percebe-se que atualmente as taxas moderadoras são cobradas em consultas nos prestadores de cuidados de saúde primários, no domicílio, nos hospitais e em outros estabelecimentos de saúde públicos ou privados convencionados (incluindo as Misericórdias e outras IPSS com acordo de cooperação com o SNS), na realização de exames complementares de diagnóstico e terapêutica em serviços de saúde públicos ou privados convencionados (com exceção dos efetuados em regime de internamento, no hospital de dia) e no atendimento nos serviços de urgência para o qual existe encaminhamento pela rede de prestação de cuidados de saúde primários, pelo centro de atendimento do Serviço Nacional de Saúde (serviço telefônico) ou pelo Instituto Nacional de Emergência Médica (INEM).

Estão excluídos da obrigação de pagamento os utentes que se encontrem numa das situações legalmente previstas de isenção de taxas, designadamente: a) grávidas e parturientes; b) menores; c) utentes com grau de incapacidade igual ou superior a 60%; d) utentes em situação de insuficiência econômica, bem como os dependentes do respetivo agregado familiar; e) doadores benévolos de sangue; f) doadores vivos de células, tecidos e órgãos; g) bombeiros; h) doentes transplantados; i) militares e ex-militares das Forças Armadas que, em virtude da prestação do serviço militar, encontrem-se incapacitados de forma permanente; j) desempregados com inscrição válida no centro de emprego, auferindo subsídio de desemprego igual ou inferior a 1,5 do IAS (correspondente em 2018 a €643,35) que, em virtude de situação transitória ou de duração inferior a um ano, não podem comprovar a sua condição de insuficiência econômica nos termos legalmente previstos, e o respetivo cônjuge e dependentes; k) jovens em processo de promoção e proteção a correr termos em comissão de proteção de crianças e jovens ou no tribunal; l) jovens que se encontrem em cumprimento de medida tutelar de internamento, medida cautelar de guarda em centro educativo ou medida cautelar de guarda em instituição pública ou privada; m) jovens integrados em qualquer das respostas sociais de acolhimento em virtude de decisão judicial proferida em processo tutelar cível, e por força da qual a tutela ou o simples exercício das responsabilidades parentais sejam deferidos à instituição onde o menor se encontra integrado; n) os requerentes de asilo e refugiados e respetivos cônjuges ou equiparados e descendentes diretos; o) utentes, no âmbito de Interrupção Voluntária da Gravidez (IVG).[190]

Também estão dispensados do pagamento de taxas moderadoras designadamente em: a) consultas de planejamento familiar e atos complementares prescritos no decurso destas; b) consultas, bem como atos complementares prescritos no decurso destas, no âmbito de doenças neurológicas degenerativas e desmielinizantes, distrofias musculares, tratamento da dor crônica, saúde mental, deficiências congênitas de fatores de coagulação, infeção pelo vírus da imunodeficiência humana/SIDA e diabetes, tratamento e seguimento da doença oncológica; c) primeira consulta de especialidade hospitalar, com referenciação pela rede de prestação de cuidados de saúde primários; d) cuidados de saúde respiratórios no domicílio; e) cuidados de saúde na área da diálise; f) consultas e atos complementares necessários para as dádivas de células, sangue, tecidos e órgãos; g) consultas e atos complementares de diagnóstico e terapêutica realizados no decurso de rastreios de base populacional, rastreios de infeções VIH/SIDA, hepatites, tuberculose pulmonar e doenças sexualmente transmissíveis, de programas de diagnóstico precoce e de diagnóstico neonatal, e no âmbito da profilaxia pré-exposição para o VIH, promovidos no âmbito dos programas de prevenção da

---

[190] Artigo 4º do Decreto-Lei nº 113, de 29 de novembro de 2011.

Direção-Geral da Saúde; h) consultas no domicílio realizadas por iniciativa dos serviços e estabelecimentos do SNS; i) atendimentos urgentes e atos complementares decorrentes de atendimentos a vítimas de violência doméstica; j) programas de tratamento de alcoólicos crônicos e toxicodependentes; k) programas de tomas de observação direta; l) vacinação prevista no programa nacional de vacinação e pessoas abrangidas pelo programa de vacinação contra a gripe sazonal; m) atendimento em serviço de urgência, no seguimento de: (i) referenciação pela rede de prestação de cuidados de saúde primários pelo Centro de Atendimento do Serviço Nacional de Saúde e pelo INEM para um serviço de urgência, incluindo os atos complementares prescritos; (ii) admissão a internamento através da urgência; n) atendimento na rede de prestação de cuidados de saúde primários, no seguimento de referenciação pelo Centro de Atendimento do Serviço Nacional de Saúde; o) consultas, bem como atos complementares prescritos no decurso destas no âmbito da prestação de cuidados pelas equipes específicas de cuidados paliativos.[191]

Ainda são isentos do pagamento de taxas moderadoras aquelas pessoas que demonstrem estar em situação de insuficiência econômica, ou seja, os utentes que integrem agregado familiar cujo rendimento médio mensal seja igual ou inferior a uma vez e meia o valor do Indexante de Apoios Sociais (IAS).[192]

Não é despiciendo destacar que as taxas moderadoras estabelecidas, suas hipóteses de cobrança e isenção, as normas que regulam a fixação de taxas moderadoras apresentam uma diferenciação em três categorias, quais sejam, os pacientes isentos, não isentos ou dispensados do pagamento.

De outra banda, e por oportuno, cabe destacar que o contributo das taxas moderadoras, no âmbito do montante

---

[191] Artigo 8º do Decreto-Lei nº 113, de 29 de novembro de 2011.
[192] Artigo 6º do Decreto-Lei nº 113, de 29 de novembro de 2011.

das despesas com saúde, não é significativo, representando cerca de 1% do total da despesa pública em saúde.[193]

Isso demonstra de maneira inequívoca que o grande financiador do Serviço Nacional de Saúde é o Estado português, por meio de dotações orçamentárias anuais do Orçamento Geral do Estado, resultante da contribuição dos tributos.

E por derradeiro, e de extrema importância, discorre-se sobre a participação social no Sistema de Saúde português, notadamente na estrutura do Serviço Nacional de Saúde, na medida em que, nas esferas do Poder Público, não há como legitimar a cidadania sem a representatividade dos segmentos sociais em qualquer setor.

Com efeito, na saúde, os utentes, os profissionais atuantes, os prestadores de serviços, as organizações profissionais devem-se fazer presentes, não apenas como coadjuvantes, mas, fundamentalmente, como protagonistas das presentes realizações.

O Estado português, reconhecendo no plano previsível normativo a fundamentalidade desse apelo democrático, estabeleceu a participação da comunidade no processo amplo do setor da saúde, do planejamento à efetiva fruição dos cuidados de saúde pela população, bem como na posterior avaliação dos resultados.

Após a promulgação da Constituição da República de Portugal de 1976, a Lei nº 56/79, criadora do Serviço Nacional de Saúde, estabeleceu que aos órgãos do SNS compete, no seu conjunto, assegurar a distribuição racional, a hierarquização técnica e o funcionamento coordenado dos serviços, definir a complementaridade de valências e promover a descentralização decisória e a participação dos utentes no planejamento e na gestão dos serviços.

---

[193] ACSS – Administração Central do Sistema se Saúde. Disponível em: http://www.acss.minsaude.pt. Acesso em: 07 out. 2019.

Previu ainda a CRP que é assegurado aos utentes e aos profissionais da saúde o direito de participação no planejamento e na gestão dos serviços, e que esse direito exerce-se, a nível central, pela participação no Conselho Nacional de Saúde, e, a nível regional e local, pela participação nos conselhos regionais de saúde e nas comissões concelhias de apoio.[194]

Ato contínuo, o Estatuto do Serviço Nacional de Saúde, Decreto-Lei nº11/93, em seu preâmbulo, preliminarmente reconheceu que a exigência legal de participação das populações na definição da política de saúde implicou a criação de órgãos consultivos de âmbito nacional, regional e concelhio.

Nessa direção, a Lei de Bases da Saúde, Lei nº 95/2019, estabelece como fundamento da política em saúde a participação das pessoas, das comunidades, dos profissionais e dos órgãos municipais na definição, no acompanhamento e na avaliação das políticas de saúde, bem como na definição, acompanhamento e avaliação da política de saúde, promovendo a literacia para a saúde.[195]

Cumpre ainda, por oportuno, fazer alusão aos direitos dos utentes no âmbito do Serviço Nacional de Saúde, plasmados atualmente na Lei nº 15/2014,[196] que consolida a legislação em matéria de direitos e deveres do utente dos serviços de saúde, estabelecendo o aludido diploma legal os seguintes direitos dos utentes dos serviços de saúde: a) direito de escolha dos serviços e prestadores de cuidados de saúde, na medida dos recursos existentes; b) o direito à proteção da saúde, tomando em consideração as regras de organização dos serviços de saúde; c) consentimento ou recusa da prestação dos cuidados de saúde declarados de forma livre e esclarecida;

---

[194] Artigo 19 da Lei nº 59, de 15 de setembro de 1979.
[195] Bases 4, 5 e 23, da Lei nº 95, de 04 de setembro de 2019.
[196] Lei nº 15, de 21 de março de 2014. Estabelece os direitos e deveres dos utentes dos serviços de saúde.

d) o direito a receber, com prontidão ou num período de tempo considerado clinicamente aceitável, consoante os casos, os cuidados de saúde de que necessita; e) o direito à prestação dos cuidados de saúde mais adequados e tecnicamente mais corretos; f) o direito ao sigilo sobre os seus dados pessoais; g) o direito a ser informado pelo prestador dos cuidados de saúde sobre a sua situação, as alternativas possíveis de tratamento e a evolução provável do seu estado; h) o direito à assistência religiosa, independentemente da religião que professe; i) o direito a reclamar e apresentar queixa nos estabelecimentos de saúde, bem como a receber indenização por prejuízos sofridos; j) o direito a constituir entidades que o representem e que defendam os seus interesses.

Note-se que, ao menos no plano normativo, um leque significativo de direitos dos utentes encontra-se estabelecido, ainda que com pouca previsão de instrumentos no plano processual-administrativo para pugnar pelos mesmos, caso não os sejam efetivamente garantidos. Isso se mostra bem perceptível quando se observa o modesto grau de participação estabelecida aos utentes nos órgãos de poder decisório que compõem o Serviço Nacional de Saúde de Portugal.

CONCLUSÕES

Percorrida a trilha dos sistemas de saúde brasileiro e português e, a propósito de concluir, apresentam-se considerações derradeiras sobre os tópicos abordados no trajeto do estudo empreendido, de acordo com a sequência cronológica roteirizada.

Conforme se verberou logo no início, não se realizou um estudo no formato do Direito Comparado, mas, dentro do recorte metodológico, objetivou aprofundar sobre os sistemas de saúde do Brasil e de Portugal, mergulhando em seus meandros.

Com efeito, a partir dos aspectos descritivos e das concepções doutrinárias, estatísticas e, pontualmente, jurisprudenciais, foram apresentados posicionamentos analíticos, com abordagens críticas, postas de maneira a estabelecer uma análise dos sistemas de saúde, que se passa a arrematar na cronologia articulada, revelando, a um só tempo, semelhanças e discrepâncias entre o Sistema Único de Saúde brasileiro e o Sistema de Saúde português.

No Brasil, como característica peculiar, para garantir-se o direito à proteção da saúde, não sendo o mesmo efetivado por meio de políticas públicas e prestação de serviços regular pelo Estado, a opção dos usuários tem sido a de recorrer ao Poder Judiciário, de maneira individual ou coletiva, contando, em não poucas oportunidades, com o protagonismo do Ministério Público, da Defensoria Pública, além dos escritórios de advocacia, no processo que se denomina de judicialização da saúde.

No plano extrajudicial, identificou-se a atuação do Ministério Público e do PROCON na resolução de conflitos, principalmente com a celebração de Termos de Ajustamento de Conduta (TAC) no que se refere às relações de consumo dos usuários de planos e seguros privados de saúde.

Inferiu-se da atual conjuntura brasileira uma permanente e crescente demanda judicial acerca do acesso a procedimentos e fornecimento de bens relativos ao direito à saúde, que, por um lado, representa o efetivo exercício da cidadania e, de outro, um possível desequilíbrio para a gestão do Sistema, com peso maior para os Municípios compelidos ao cumprimento de decisões judiciais em número cada vez maior, sem orçamento para fazer frente às demandas.

Foram considerados os avanços do Sistema Único de Saúde, dentro da realidade social e econômica do Brasil, um país continental, com 211 milhões de habitantes, baixo nível educacional, pobreza, miséria e desigualdades regionais e sociais de grandes dimensões, que ainda não se livrou das epidemias de doenças infecciosas e parasitárias, e mesmo assim oferece gratuitamente o maior programa público de vacinações e de transplantes de órgãos do mundo.

Indicou-se a evidente falta de recursos financeiros e humanos para o Sistema Único de Saúde, bem como gestões competentes nas três esferas de Poder, melhoria na governança, para que tais recursos não caiam no desperdício, nem na cada vez mais visível prática de corrupção.

Decerto, isso importa em um maior controle social das políticas públicas, no aumento da cobertura e do nível de qualidade da prestação dos serviços, relembrando que os serviços prestados pelo SUS são totalmente gratuitos, sem nenhuma espécie de taxa.

Muito ainda há por fazer, começando, por exemplo, pela adoção e implantação do "prontuário único" do paciente, disponibilizando o acesso a informações com celeridade e economia de recursos, bem como pela incorporação de novas tecnologias para melhor gestão do Sistema. Mas, com todas as limitações, a pandemia ensinou aos brasileiros, incluindo os que possuem plano de saúde, que, sem os acertos do SUS, o cenário no país seria proporcionalmente semelhante ao da peste negra ocorrida no século XIV na Eurásia, durante o medievo.

Em relação a Portugal, percebeu-se uma evolução do Sistema de Saúde português, notadamente do Serviço Nacional de Saúde, resultante de um processo complexo no qual houve a convergência de reformas e múltiplas iniciativas políticas, dentro do cenário econômico e social.

Ao longo de quarenta anos do Serviço Nacional de Saúde completados em 2019, o Sistema de Saúde português caracterizou-se pela sua natureza mista, incorporando uma grande diversidade de modelos de financiamento e de prestação de cuidados de saúde, acarretando mudanças significativas.

Sobre o Serviço Nacional de Saúde, não há como se estabelecer uma percepção analítica a partir da última década sem levar em conta a situação econômico-social de Portugal, dos percalços e suas consequências no setor da saúde pública, conforme se fez alusão às recomendações do Memorando Troika.

Destarte, tendo sido reconhecidas as conquistas da saúde em Portugal, com a redução de desigualdades, a crise econômica que resultou na Troika acarretou deficiência na definição de políticas que levou o Serviço Nacional de Saúde a gastar mal os recursos e a gerar problemas no acesso, com a falta de uma visão estratégica e capacidade, e ainda da ausência de logística para executar as reformas organizativas necessárias, o que foi reconhecido quando da elaboração da Política Nacional de Saúde para o quadriênio 2015/2019.

Percebe-se a permanência de críticas em termos de aumento do tempo em listas de espera para consultas e procedimentos, a insuficiência de médicos especialistas, gestão pouco profissional do ponto de vista financeiro e mecanismos de controle e supervisão desatualizados, bem como a falta de maior cobertura em níveis regionais, dentre outras, o que demanda constante atuação do Poder Público para o aperfeiçoamento do Sistema, considerando a cobertura bastante satisfatória dos serviços pelo conjunto dos portugueses.

Mas restaram evidenciados os ganhos de saúde em Portugal nas últimas décadas, apesar, reitere-se, de se registar algum atraso diante dos melhores sistemas da União Europeia. Tais avanços permitiram maior equidade na utilização dos cuidados de saúde e a melhoria dos níveis de vida, devendo ser considerado, para tanto, as mudanças sociais e demográficas.

Essa análise depreende-se dos inquéritos nacionais de saúde mais recentes,[197] realizados pelo Instituto Nacional de Estatística, que confirmam um aumento na qualidade da interface médico-doente, nos centros de saúde ou nos hospitais.

Nesse passo, cabe destacar, por oportuno, para dimensionar a prestação de serviços de saúde em Portugal, que o Serviço Nacional de Saúde no ano de 2018 realizou mais de 12 milhões de consultas médicas, mas de 06 milhões de atendimentos de urgência e mais de 600 mil cirurgias.[198]

Portugal possui uma população de 10 milhões de habitantes,[199] sendo que o Serviço Nacional de Saúde, em dados de

---

[197] Disponível em: https://www.ine.pt. Acesso em: 16 out. 2019.
[198] Serviço Nacional de Saúde (SNS). Relatório Anual: acesso a cuidados de saúde nos estabelecimentos do SNS e Entidades Convencionadas – 2018. Disponível em: https://www.sns.gov.pt. Acesso em: 18 dez. 2019.
[199] De acordo com o Instituto Nacional de Estatísticas (INE), Portugal alcançou a

2018, cobria 95,4% dessa população com Unidades de Saúde Familiar (USF) e Unidades de Cuidados na Comunidade (UCC), bem como 93% dos utentes encontravam-se inscritos no SNS com médico de família.[200]

Por certo, ainda há muito por fazer, como recentemente declarado pela Ministra da Saúde, Dr.ª Marta Temido: "Com o orgulho dos resultados atingidos ao longo dos quarenta anos, sabemos dos males que nos tolhem e eles têm a ver com espera, com investimento em infraestruturas, têm a ver com desmotivação dos profissionais. Quarenta anos após a criação do Serviço Nacional de Saúde, e preservando os seus princípios fundamentais, é necessário reorganizar a malha de serviços. Portugal modificou-se muito em termos demográficos, em termos epidemiológicos, em termos económicos, em termos sociais, as expectativas das pessoas são hoje muito diferentes e as pessoas são mais exigentes".[201]

Em Portugal inexiste judicialização da saúde, e até mesmo casos complexos do ponto de vista clínico e orçamentário, como a demanda da criança Matilde ocorrida em agosto de 2019, que necessitava de um medicamento cujo preço representava a vultosa cifra de dois milhões de euros, foi contornado com a pronta intervenção da gestão do Serviço Nacional de Saúde, por meio de uma Autorização de Utilização Especial (AUE) dada pelo INFARMED.[202]

Quando se faz referência à expressão "o que nos aproxima e nos distancia além do Atlântico, subtítulo do presente livro, quer-se, de forma bem contemporânea, guardada a devida proporcionalidade, fazer alusão ao fato de que, se comparadas as coberturas, o processo de prestação de serviços

---

população de 10,3 milhões de habitantes. Disponível em: www.ine.pt. Acesso em: 08 dez. 2020.

[200] Idem

[201] Disponível em: https://observador.pt. Acesso em: 16 out. 2019.

[202] Disponível em: https://www.dn.pt/vida-e-futuro/matilde. Acesso em: 16 out. 2019.

em saúde, com variáveis tais como o tempo de espera para determinados procedimentos, o Serviço Nacional de Saúde português encontra-se à frente do Sistema Único de Saúde brasileiro, tendo como importante indicador o acesso ao setor privado (planos e seguros privados), que em Portugal é mínimo e, no Brasil, já supera praticamente um quarto da população.[203]

Isso não dá alento à comparação sempre feita pelos portugueses sobre o Serviço Nacional de Saúde em relação a outros sistemas de saúde de países-membros da Comunidade Europeia, do que o presente estudo não se propôs a tratar, nem diminui, no caso do Brasil, os avanços do Sistema Único brasileiro, diante de sua contextualização social, econômica e demográfica.

Ainda nesse norte, percebeu-se que ambos os Sistemas necessitam garantir, de maneira mais racional e eficiente, e com maior destinação de recursos, cobertura médica e hospitalar em todos os seus territórios, com uma mais eficiente articulação dos prestadores empresariais e privados da medicina, com o SUS e o SNS, tendo sempre em mira o inafastável atendimento ao princípio da proibição do retrocesso social, reforçado o caráter fundamental do direito à saúde ou à proteção da saúde, na terminologia portuguesa.

É senso comum de que os gastos em saúde pública são muito elevados e estão a necessitar de maiores aportes para a execução de políticas públicas que incluam novas tecnologias e atendam cada vez mais a população como um todo, sendo que a captação desses recursos depende do êxito na *performance* econômica estabelecida para o desenvolvimento inclusivo no país.

---

[203] Segundo a Agência de Saúde Suplementar (ANS), em 2019, 47 milhões de brasileiros possuíam plano de saúde. Disponível em: www.ans.gov.br. Acesso em: 08 dez. 2020.

CONCLUSÕES

No cenário econômico atual, estreitando relações de Brasil e Portugal, tem-se a celebração do acordo comercial entre Mercosul e União Europeia, ocorrida em junho de 2019,[204] impondo um dever de casa ao Brasil que não está sendo cumprido a contento, notadamente no que diz respeito ao Capítulo 17 do aludido pacto comercial, que trata do comércio e desenvolvimento sustentável.[205]

O aumento de queimadas na Amazônia, as quais consumiram, somente em agosto de 2019, 1.698 quilômetros quadrados de cobertura vegetal (73 mil focos de incêndio),[206] e o vazamento de óleo no litoral do nordeste brasileiro ocorrido também em agosto de 2019, com a demora no acionamento do Plano Nacional de Contingência (PNC), que deveria ter ocorrido no dia 2 de setembro, mas só entrou em vigor 41 dias depois, em 11 de outubro de 2019, são exemplos desse não atendimento e que pode comprometer a aprovação do Acordo pelos Parlamentos dos países-membros da União Europeia.[207]

---

[204] Segundo o Acordo Comercial, 92% das importações provenientes do Mercosul entrarão livres de tarifas na União Europeia. Da mesma forma, 91% das importações provenientes da União Europeia entrarão livres de tarifas no Mercosul. O Brasil é responsável por 81% do total das vendas do Mercosul para a União Europeia.

[205] O capítulo de Comércio e Desenvolvimento Sustentável tem por objetivo reiterar o compromisso das partes na proteção das condições de trabalho e do meio ambiente, e os objetivos de desenvolvimento sustentável da agenda 2030. Trata sobre mudança do clima, a observação do Acordo de Paris, proteção da biodiversidade, manejo sustentável das florestas e da pesca. Disponível em: http://www.itamaraty.gov.br. Acesso em: 18 dez. 2019.

[206] Disponível em: http://www.inpe.br. Acesso em: 18 dez. 2019.

[207] Agravando ainda mais a situação brasileira no aspecto do meio ambiente e no cumprimento do Acordo, o Ministério da Agricultura aprovou, em 22.07.2019, o uso de mais 51 tipos de agrotóxicos no mercado brasileiro. Destes, 28 estão classificados como medianamente tóxicos, 17 como extremamente tóxicos, 05 pouco tóxicos e 01 altamente tóxico. Ainda de acordo com o documento, 27 desses produtos são perigosos ao meio ambiente, 18 são muito perigosos, 05 são pouco perigosos e 01 altamente perigoso. Deste número total, pelo menos 32% dos produtos já são proibidos em toda a União Europeia. Disponível em: https://epocanegocios.globo.com. Acesso em: 18 dez. 2019. Além disso, outro fato importante e indicador desse agravamento reporta-se ao bloqueio de repasses pela Alemanha e Noruega ao "Fundo Amazônia", de preservação e combate ao desmatamento da Amazônia. Disponível em: www.redebrasilatual.com.br. Acesso em: 08 dez. 2020.

Para além de suas fronteiras, Brasil e Portugal precisam cada vez mais ampliar a celebração de acordos internacionais em relação à prestação de serviços em saúde, incentivando a troca de experiências entre seus profissionais da área, bem como o aperfeiçoamento tecnológico destinado aos tratamentos e ao setor farmacêutico.

Juntamente com a Itália e Cabo Verde, Brasil e Portugal firmaram o Acordo PB4, para a emissão aos seus nacionais do Certificado de Direito à Assistência Médica (CDAM),[208] que garante direito ao atendimento de saúde na rede pública dos signatários do acordo, com a respectiva reciprocidade.

Essa é a tendência de solidariedade no cenário de globalização, uma das alternativas que pode significar um caminho a ser trilhado por Brasil e Portugal, na direção da ampliação e melhora de seus sistemas de saúde, no aprimoramento de seus profissionais e em muitos ganhos para a saúde de seus cidadãos, fundamentalmente na perspectiva do pensamento de Pierre Rosanvallon, de restauração de um sentido forte à solidariedade, restituindo-lhe, ao mesmo tempo, legitimidade e uma base econômica acrescida, ou seja, o exercício da cidadania plena em uma democracia de amplitude transatlântica.[209]

Em dezembro de 2020, Portugal, com uma população de 10,3 milhões de habitantes, amargava a perda de mais de 6.700 vidas portuguesas,[210] e o Brasil, com 211,8 milhões de habitantes,[211] contabilizava a perda de mais de 192 mil brasileiros.[212] Essa triste e sombria estatística revela que 0,065% da população de Portugal e 0,091% da população do Brasil sucumbiram à pandemia da COVID-19, sendo que,

---

[208] Disponível em: http://www.saude.gov.br. Acesso em: 17 out. 2019.
[209] ROSANVALLON, Pierre. *Aonde foi parar a solidariedade?*. Disponível em: http://www.ihu.unisinos.br. Acesso em: 18 dez. 2019.
[210] Disponível em: www.dgs.pt. Acesso em: 30 dez. 2020.
[211] Disponível em: www.ibge.gov.br. Acesso em: 08 dez. 2020.
[212] Disponível em: https://www.gov.br/saude/pt-br. Acesso em: 30 dez. 2020.

proporcionalmente, consideradas as populações e o número de mortes, o Brasil teve até esse período 40% a mais de óbitos em relação a Portugal.

Esse quadro, por imperativo, deve nos remeter a uma análise não apenas dos aspectos sanitários da pandemia, mas, sobretudo, à maneira como se deu o enfrentamento pelos governos do Brasil e Portugal ao silencioso e invisível vírus nos aspectos da economia e da geopolítica mundial, momento em que se perceberam alinhamentos com grandes potências, a politização de tratamentos da COVID-19 e até o fomento ao uso de medicamentos sem comprovação científica de sua eficácia, como o exemplo da "cloroquina".

Isso certamente contribui para explicar a maior penalização da população brasileira em número de óbitos, quando se observou o tratamento inicial dado pelo governo federal sobre a crise pandêmica, em março de 2020,[213] ou ainda quando recebeu do governo norte-americano, em junho de 2020, dois milhões de doses de hidroxicloroquina,[214] mesmo ciente do entendimento científico majoritário internacional sobre a ineficácia desse medicamento no tratamento em geral dos contaminados pelo vírus.

Em sentido oposto, percebeu-se o movimento célere do governo português em um combate bem mais ortodoxo à COVID-19, tendo o governo português, logo no início da pandemia, em março de 2020, decretado estado de emergência,[215] renovado sucessivamente até dezembro de 2020 e com aprovação do Parlamento.

---

[213] O presidente do Brasil em março de 2020, classificou a pandemia em cadeia nacional de veículos de comunicação como uma "gripezinha". Disponível em: www.bbc.com. Acesso em: 08 dez. 2020.

[214] O presidente norte-americano Donald Trump enviou ao Brasil dois milhões de doses de hidroxicloroquina, que não foram utilizadas. Disponível em: https://agenciabrasil.ebc.com.br/. Acesso em: 08 dez. 2020.

[215] Disponível em: www.portugal.gov.pt. Acesso em: 08 dez. 2020.

Boaventura Santos, em sua recente obra *A pedagogia cruel do vírus*, faz referência à existência do debate nas ciências sociais sobre se a verdade e a qualidade das instituições de dada sociedade se conhecem melhor em situações de normalidade, de funcionamento corrente, ou em situações excepcionais, de crise.[216]

Sobre esse particular, ao se analisarem os sistemas públicos de saúde brasileiro e português, infere-se que a pandemia está a nos ensinar a importância da destinação de tratamento de Estado a questões relevantes tal qual representa a saúde pública, haja vista que os governos podem se mostrar vacilantes sobre aspectos científicos, defendendo valores negacionistas, ou ainda, desprestigiar organismos internacionais, como ocorreu em relação à Organização Mundial de Saúde (OMS), amesquinhando ações que sempre contribuíram para solucionar os graves problemas da comunidade internacional.

O fortalecimento dos sistemas públicos de saúde é um caminho necessário e inexorável para atingir esse objetivo, chegando ao ponto de suplantar medidas de governos, porventura danosas às populações. Não é à toa que os Estados Unidos da América alcançou o primeiro lugar em número de mortes decorrentes da pandemia, mesmo sendo economicamente o país mais rico do mundo. Lá não existe sistema público de saúde estruturado e com destinação de recursos para cuidar da saúde da população.

No Brasil e em Portugal, esses sistemas existem, na medida e nos contornos abordados neste livro, com a importância que lhes foi conferida diante de uma abordagem contextualizada, histórica e crítica, com os merecidos aplausos, sobretudo aos abnegados cientistas e profissionais da saúde que os integram.

---

[216] SANTOS, Boaventura de Sousa. *A cruel pedagogia do vírus*. Coimbra: Almedina, 2020. p. 5.

REFERÊNCIAS

ALVES, Olga Sofia Fabergé. Narrativas de vivências em políticas públicas de saúde no Estado de São Paulo, 2007.

ANCEL, Marc. *Utilidade e métodos do direito comparado*: elementos de introdução geral ao estudo comparado dos direitos. Tradução de Sérgio José Porto. Porto Alegre: Fabris, 1980.

ANDRADE, José Carlos Vieira de. *Os direitos fundamentais na Constituição Portuguesa de 1976*. 2. ed. Coimbra, 2001.

BARCELLOS, Ana Paula de. *A eficácia jurídica dos princípios constitucionais*: o princípio da dignidade da pessoa humana. Rio de Janeiro: Renovar, 2002.

BARROS, P.; MACHADO, M.; SIMÕES, J. (2011). Portugal health system review. *In*: ALLIN, S.; MOSSIALOS, E. (Eds.). Governing Public Hospitals: reform strategies and the movement to institutional autonomy. Copenhaga: European Observatory on Health Systems and Policies/ WHO Regional Office for Europe. Vol. 19, nº 2, 2017.

BRASIL. *Constituição da Republica Federativa do Brasil*. Brasília: Senado Federal, 1988.

BRASIL. *Decreto nº 99.438*, de 07 de julho de 1990. Atribuições do CNS.

BRASIL. *Lei Complementar nº 141*, de 16 de janeiro de 2012. Dispõe sobre os valores mínimos a serem aplicados anualmente pela União, Estados, Distrito Federal e Municípios em ações e serviços públicos de saúde.

BRASIL. *Lei nº 8.078*, de 11 de setembro de 1990. Dispõe sobre o Código de Defesa do Consumidor.

BRASIL. *Lei nº 8.080*, de 19 de setembro de 1990. Dispõe sobre as condições para a promoção, proteção e recuperação da saúde, a organização e o funcionamento dos serviços correspondentes.

BRASIL. *Lei nº 8.142*, de 28 de dezembro de 1990. Dispõe sobre a participação da comunidade na gestão do Sistema Único de Saúde (SUS) e sobre as transferências intergovernamentais de recursos financeiros na área da saúde.

BRASIL. *Lei nº 9.637*, de 15 de maio de 1998. Dispõe sobre a qualificação de entidades como organizações sociais.

BRASIL. *Lei nº 9.656*, de 03 de junho de 1998. Dispõe sobre os planos e seguros privados de assistência à saúde.

BRASIL. *Lei nº 9.782*, de 26 de janeiro de 1999. Define o Sistema Nacional de Vigilância Sanitária, cria a Agência Nacional de Vigilância Sanitária.

BRASIL. *Lei nº 9.961*, de 28 de janeiro de 2000. Cria a Agência Nacional de Saúde Suplementar (ANS).

BRASIL. Ministério da Saúde. *Portaria nº 1.820*, de 13 de agosto de 2009.

CANOTILHO, José Joaquim Gomes. *Direito constitucional e teoria da constituição*. 7. ed. Coimbra: Almedina, 2010

CONSELHO FEDERAL DE MEDICINA (CFM). Regulamentado pela Lei nº 3.268, de 30.09.1957.

CONSELHO NACIONAL DE JUSTIÇA. *Emenda Constitucional nº 45*, de 2004.

CONSELHO NACIONAL DE SAÚDE. *Resolução nº 333 – CNS*, de 04.11.2003.

CONSELHO NACIONAL DE SAÚDE. *Resolução nº 407 – CNS*, de 12.09.2008.

CORREIA, Sérvulo. Introdução ao direito à saúde. In: *Direito da saúde e bioética*. Lisboa: LEX, 1991.

COSTA, Ediná Alves. Regulação e vigilância sanitária para a proteção da saúde. *In*: VIEIRA, Fernanda Pires; REDIGUIERI, Camila Fracalossi; REDIGUIERI, Carolina Fracalossi (Org.). *A regulação de medicamentos no Brasil*. Porto Alegre: ArtMed, 2013.

DIAS DA SILVA, Ricardo Augusto. *Regulação de medicamentos*: um olhar a partir da experiência brasileira e estadunidense. Belo Horizonte: Fórum, 2019.

ESTORNINHO, Maria João; MACIEIRINHA, Tiago. *Direito da saúde*. Lisboa: Universidade Católica Editora, 2014.

FERNANDES, Adalberto Campos. *A combinação público-privada em saúde*: impacto no desempenho do sistema e nos resultados em saúde no contexto português. 2015. Tese (Doutorado em Ciências Sociais na Especialidade de Administração da Saúde) – Universidade de Lisboa, Lisboa.

GOUVEIA, Jorge Bacelar. *Manual de direito constitucional*. v. II. 5. ed. Coimbra: Almedina, 2013.

KRELL, Andreas Joachim. *Direitos sociais e controle judicial no Brasil e na Alemanha*: os (des)caminhos de um direito constitucional comparado. Porto Alegre: Sergio Antonio Fabris, 2002.

MEDEIROS, Rui; MIRANDA, Jorge. *Constituição portuguesa anotada*. v. I. Coimbra: Almedina, 2005.

MELO, Marcos André. A política da ação regulatória: responsabilização, credibilidade e delegação. *Revista Brasileira de Ciências Sociais*, São Paulo, v. 16, n. 46, p. 55, jun. 2001.

MIRANDA, Jorge. A abertura constitucional a novos direitos fundamentais. *In: Estudos em Homenagem ao Professor Doutor Manuel Gomes da Silva*. Coimbra: Coimbra Editora, 2001.

MONGE, Cláudia. O direito fundamental à proteção da saúde. *Revista Eletrônica de Direito Público*, v. 5, n. 2, abr. 2019.

MORAIS, Heloisa Maria Mendonça et al. Organizações Sociais da Saúde: uma expressão fenomênica da privatização da saúde no Brasil. *Cadernos de Saúde Pública*, 2018.

MOREIRA, Vital. A nova entidade reguladora da saúde em Portugal. *Revista de Direito Público da Economia – RDPE*, Belo Horizonte, n. 5, ano 2, jan./mar. 2004.

NOVAIS, Jorge Reis. Constituição e serviço nacional de saúde. In: SIMÕES, J. (Org.). *30 Anos do Serviço Nacional de Saúde*: um percurso comentado. Coimbra: Almedina, 2010.

NOVAIS, Jorge Reis. *Direitos sociais, teoria jurídica dos direitos sociais enquanto direitos fundamentais*. 2. ed. Lisboa: AAFDL, 2017.

NUNES, Alexandre Morais. Direito à saúde em Portugal: delimitação jurídica do Serviço Nacional de Saúde. *Direitos Fundamentais & Justiça*, Belo Horizonte, ano 11, n. 37, p. 17-34, jul./dez. 2017.

NUNES, Rui. *Regulação da saúde*. 2. ed. Porto: Vida Económica, 2009.

OTERO, Paulo. *Direito da vida*. Relatório sobre o Programa, Conteúdos e Métodos de Ensino. Coimbra: Almedina, 2004.

PINTO, Élida Graziane; BAHIA, Alexandre Melo Franco de Moraes; SANTOS, Lenir. O financiamento da saúde na Constituição de 1988: um estudo em busca da efetividade do direito fundamental por meio da equalização federativa do dever do seu custeio mínimo. *A&C – Revista de Direito Administrativo & Constitucional*, Belo Horizonte, ano 16, n. 66, p. 209-237, out./dez. 2016.

PORTUGAL. *Constituição da República Portuguesa de 1976*. VII Revisão Constitucional (2005).

PORTUGAL. *Decreto n.º 185*, de 20 de agosto de 2002.

PORTUGAL. *Decreto-Lei n.º 111*, de 23 de maio de 2012.

PORTUGAL. *Decreto-Lei n.º 113*, de 29 de novembro de 2011.

PORTUGAL. *Decreto-Lei n.º 124*, de 29 de dezembro de 2011. Lei Orgânica do Ministério da Saúde.

PORTUGAL. *Decreto-Lei n.º 127*, de 27 de maio de 2009. Reestrutura a Entidade Reguladora da Saúde.

PORTUGAL. *Decreto-Lei n.º 152*, de 07 de agosto de 2015.

PORTUGAL. *Decreto-Lei n.º 158/2005*, de 20 de setembro de 2005. Regime jurídico da assistência na doença ao pessoal da Polícia de Segurança Pública (PSP).

PORTUGAL. *Decreto-Lei n.º 158/2005*, de 20 de setembro de 2005. Regime jurídico da assistência na doença ao pessoal da Guarda Nacional Republicana (GNR).

PORTUGAL. *Decreto-Lei n.º 176*, de 30 de agosto de 2006. Estabelece o Estatuto do Medicamento.

PORTUGAL. *Decreto-Lei n.º 244*, de 09 de novembro de 2012. Regime Jurídico dos hospitais EPE.

PORTUGAL. *Decreto-Lei n.º 254*, de 29 de junho de 1982. Revoga parte da Lei nº 56/79.

PORTUGAL. *Decreto-Lei n.º 309*, de 10 de dezembro de 2003. Cria a Entidade Reguladora da Saúde (ERS).

PORTUGAL. *Decreto-Lei n.º 45.002*, de 27 de abril de 1963.

PORTUGAL. *Decreto-Lei n.º 476*, de 15 de outubro de 1980.

PORTUGAL. *Decreto-Lei n.º 49*, de 23 de agosto de 2016.

PORTUGAL. *Decreto-Lei n.º 122/2007*, de 27 de abril. Regime de ação social complementar dos trabalhadores da administração direta e indireta do Estado.

PORTUGAL. *Decreto-Regulamentar n.º 14*, de 30 de junho de 2003. Aprova os tipos dos contratos de gestão que envolvam as atividades de concepção, construção, financiamento, conservação e exploração de estabelecimentos hospitalares.

PORTUGAL. *Lei n.º 15*, de 21 de março de 2014. Estabelece os direitos e deveres dos utentes dos serviços de saúde.

PORTUGAL. *Lei n.º 27*, de 08 de novembro de 2002. Estabelece o novo regime jurídico da gestão hospitalar.

PORTUGAL. *Lei n.º 48*, de 24 de agosto de 1990. Lei de Bases da Saúde.

PORTUGAL. *Lei n.º 95*, de 04 de setembro de 2019. Nova Lei de Bases da Saúde.

PORTUGAL. *Lei n.º 56*, de 15 de setembro de 1979. Cria o Serviço Nacional de Saúde.

PORTUGAL. Ministério das Finanças e da Administração Pública. *Portaria n.º 351*, de 30 de março de 2007.

PORTUGAL. Ministérios das Finanças e da Saúde. *Portaria n.º 18-A*, de 02 de fevereiro de 2015.

ROCHA, Júlio César de Sá da. *Direito da saúde, direito sanitário na perspectiva dos interesses difusos e coletivos*. São Paulo: LTr, 1999.

SANTOS, Boaventura de Sousa. *A cruel pedagogia do vírus*. Coimbra: Almedina, 2020.

SANTOS, Boaventura de Sousa. *Reconhecer para libertar*: os caminhos do cosmopolitanismo multicultural. Introdução: para ampliar o cânone do reconhecimento, da diferença e da igualdade. Rio de Janeiro: Civilização Brasileira, 2003.

SANTOS, Maria Angélica Borges dos. As segmentações da oferta de serviços de saúde no Brasil: arranjos institucionais, credores, pagadores e provedores. *Revista Ciência Saúde Coletiva*, Rio de Janeiro, v. 9, n. 3, jul./set. 2004.

SARLET, Ingo Wolfgang; FIGUEIREDO, Mariana Filchtiner. Algumas considerações em torno do conteúdo, eficácia e efetividade do direito à saúde na Constituição de 1988. *Revista Interesse Público*, Belo Horizonte, ano 3, n. 12, out. 2001.

SARLET, Ingo Wolfgang; FIGUEIREDO, Mariana Filchtiner. Reserva do possível, mínimo existencial e direito à saúde: algumas aproximações. *Revista de Doutrina da 4ª Região*, Porto Alegre, n. 24, p. 41, jul. 2008.

SEN, Amartya Kumar. *Desenvolvimento como liberdade*. 3. reimp. São Paulo: Companhia das Letras, 2000.

STRECK, Lênio Luiz. *Hermenêutica jurídica e(m) crise*. 2. ed. Porto Alegre: Livraria do Advogado, 2000.

SUPERIOR TRIBUNAL DE JUSTIÇA. *AgRg no REsp nº 88.875/RS*.

SUPREMO TRIBUNAL FEDERAL. *RE-AgR nº 271.286/RS*.

TANAKA, Oswaldo Yoshimi. A judicialização da prescrição medicamentosa no SUS ou o desafio de garantir o direito constitucional de acesso à assistência farmacêutica. *Revista de Direito Sanitário*, São Paulo, v. 9, n. 2, p. 139-143, jul./out. 2008.

TORRES, Ricardo Lobo. *Os direitos humanos e a tributação*: imunidades e isonomia. Rio de Janeiro: Renovar, 1995.

TRAVASSOS, Cláudia. Equidade e o Sistema Único de Saúde: uma contribuição para o debate. *Cadernos de Saúde Pública*, Rio de Janeiro, v. 13, n. 2, p. 5-26, abr./jun. 1997.

TRIBUNAL CONSTITUCIONAL. *Acórdão nº 330*, de 11 de abril de 1989.

VARELLA, Drauzio. *Folha de S. Paulo*, 18 ago. 2019.

VITAL, Moreira; CANOTILHO, J. J. Gomes. *Constituição da República Portuguesa anotada*. v. I. 4. ed. rev. Coimbra: Coimbra Editora, 2007.

WERNER, Patrícia Ulson Pizarro. O direito social e o direito público subjetivo à saúde: o desafio de compreender um direito com duas faces. *Revista de Direito Sanitário*, v. 9, n. 2, p. 102, jul./out. 2008.

Esta obra foi composta em fonte Palatino Linotype, corpo 10
e impressa em papel Pólen Bold 70g (miolo) e Supremo 250g (capa)
pela Gráfica Paulinelli, em Belo Horizonte/MG.